占いはなぜ当たるのですか

鏡リュウジ

説話社

Contents

第2章

占星術を科学する……121

第3章

心理学と占星術

第4章

本書は鏡リュウジ『占いはなぜ当たるのですか』（講談社、1999年）に大幅な加筆・修正、追録をしたものです。

序章

占星術という不思議な営み

「占いはなぜ当たるのですか」

これまで、何度こういう問いをぶつけられてきただろうか。

「占いは当たるのですか」という問いではない。

「占いはなぜ当たるのですか」だ。

その問いを発する人にとっては、占いが当たるかどうかは、もはや問題ではなくなっている。占いは「当たる」ものなのだ。そして、「占いはなぜ当たるのですか」こそが問いになる。

僕が、いや僕に限ったことではないのだけれど、ホロスコープを前にして占った多くの人々は、星々の紡《つむ》ぎ出すメッセージの虜《とりこ》になる。友人が横で見ていて笑っていうには、ホロスコープを前にして、僕の解読を聞いている人は、年齢や性別、社会的な地位などに関係なく、たいてい同じような表情をするのだそうだ。最初は好奇心と猜疑心《さいぎしん》の塊のような目をして座っていても、話が進むうちにだんだんと顔の筋肉がこわばり、真剣になってゆく。星の世界に引きこまれてゆく。

そして、ついに出てくる問いが、「占いはなぜ当たるのですか」なのだ。

この問いに答えるのは難しい。

ああ、いっそ僕自身、ずっと単純な立場になって、「そりゃあ、数千年の統計学ですよ」とか「宇宙の真理がここにあるからさ」、といってしまえればどんなにラクだろう。

けれど、僕自身は、幸か不幸かそこまで単純に、占いの「信奉者」にはなれなかった。

ありがたいことに、雑誌に書く占いでも「すごくよく当たる」なんていってもらえることがあるけれども、それが、本当に客観的な意味で「当たる」のか、あるいは、何かのこじつけにすぎないのか、僕のなかでもよくわからないところがあるのだ。

本当のところをいうと､僕は人を占うのは苦手だ。「占い師」という自己イメージがない。だから、自己紹介でさえも、ものすごく苦痛なことがある。タクシーのなかで、友人の結婚式のパーティで、あるいは飲み屋で、「何をなさっているのですか」と聞かれたとき、僕の心臓は、いまでもバクバクと早鐘を打ち出す。

まずは、こういってみる。

「主に翻訳とか書き物なんかをやっています」

「ああ、そうですか。大変ですねぇ……」その一言で話が終わってくれたらどれほどよいか。しかし、こちらの期待はあっさりと裏切られる。

「すごいですね！　ところで、どんなものをお書きになっているのですか」

ほらきた。冷や汗をかきながら、切り抜けを図る。

「神話とか、心理学とか……」そして、聞こえるか聞こえないかくらいの小さな声で（聞こえないでくれよ！）「……それに占いとか」

「占い！」

ここで、反応は大きく分かれる。

一つは「えー、占い師さんなんですか。どんな占い？　ぜひ占ってみてくださいよー」という、好奇心まる出し派。

そしてもう一つが、冷笑派。「占い？」という一言とともに、哀れむような、あるいはバカにしたような視線をちらりとくれてから、愛想笑いだけを残して去ってゆく人たち。どちらの反応も、僕をげんなりさせたり、憂鬱《ゆううつ》にさせたり、ときには怒りを引き起こしたりする。

確かに、僕は「占星術研究家・鏡リュウジ」としてもう十数年、仕事をしてきた。占いを生業《なりわい》としているのだ。

この仕事のおかげで、いろんなメディアに出してもらったり、本来ならTVやスクリーンのなかでしかお目にかかれないはずの人に会えたり、占い以外のさまざまなエッセイを書かせてもらったり、フリーランスの仕事としては、結構、成功していると思う。

けれども、ずっと心のなかに、何か割り切れないものが残っている。

その証拠に、僕が使っている「占星術研究家」という肩書自体にも、その奇妙な二律背反する感情が現れている。どうして「占い師」、あるいは「占星術師」といえないのだろう。自分の仕事を恥ずかしいと思っているなんて、熱心な読者に失礼ではないか。

しかし、どうしても「占い」という言葉には抵抗があるのだ。

この言葉の持ついかがわしさの正体は何なのか。そしてそんなに占いが嫌なら、やめてしまえばいいのに、どうして占いをこんなに未練がましくやっているのだろうか。

早い話、鏡リュウジのなかに、先にお話しした、パーティ会場での二種類の人間が同居して、互いにこんなふうに主張しては自分を引き裂こうとしているのである。

「占い！　未来がわかったり、一目で性格がわかるなんて、すばらしく魅力的ですごいこと。やってみたら、本当に当たるんだから！」

「占い？　バカじゃないのか。そんな迷信に騙《だま》されて。科学的に考えれば、占いになんか何の根拠もないじゃないか」

そして僕は、この自分のなかの「占い師」と「懐疑主義者」のどちらにも転ばないようにしながら、その間の細い道を何とかふんばって歩いてきたような気がするのだ。

その道は、ただ占いの世界だけではなくて、雑誌の星占い作成のノウハウから科学史の世界、統計学の世界、心理学や宗教学、文化人類学の世界など思いがけずあちこちに枝分かれして伸びていた。そしてその旅は、最初に考えていたよりもずっとエキサイティングで面白いものだった。

この本では、僕がたどってきたその道を振り返ってみたいと思う。いいかえれば、わが占星術の世界への案内である。

ただここで、大急ぎでつけ加えなければならないのだが、何もつまらない自伝を書いて、みなさんの貴重な時間を奪ってまで読んでもらおうというのではない。この話は僕の「個人的なこと」でありながら、実は、僕個人のことだけではすまない面があると思うからだ。

現代社会のなかでの占いは、実に微妙な立場に立たされている。マスメディアではあらゆるところで、占いが登場し、その人気は高まっている。町の占いブースは、どんどん増えているし、占い師を養成するスクールやコースもまるで雨後のタケノコのように増殖している。占いは、ビジネスとしても極めて大きな市場を獲得しているのである。

しかし、その反面、占いは非合理な迷信として、社会的な認知を受けていない。大学のなかで、占星術や占いを教えるようなことはまず考えられないし（科学史や文化史としてならいざ知らず）、また悩み事があって占星術家のところを訪れても、心療内科と違って決して保険など適用されない。いわんや、政治家や経営者が占いで政策や人事を左右していることが発覚したら、間違いなくスキャンダルになるだろう。

アメリカのレーガン元大統領夫人が、占星術にご執心だったと報道されたときには、大きな騒ぎになったことはご記憶のことだろう。実際には、経営者や政治家の多くには、今でもお抱えの占い師がいるものなのだが、そのことはあくまでも表には出さない話だということだ。

日本の場合にはまだいい。欧米では、キリスト教会や科学者から、占いは名指しで糾弾される。

「利己的遺伝子論」で有名なリチャード・ドーキンズ博士が1996年末の新聞のコラムで「星占いには科学的根拠はない。そんなものを掲載するのは風説の流布《るふ》に当たる。星占い師など、みんな監獄に入れてしまえ」と書き放った。

98年末にはローマ法王が「星占いを読んで行動の指針を決めるのはクリスチャンとしてはふさわしくないことだ」と、説教のなかで述べた。

占星術は、多くの人々の注目と賛同を受けながら、ずいぶんと肩身の狭い思いをしているというわけだ。

97年のイギリスでの占星術学会の総会で、本場イギリスでも指導的な立場にある占星術家が、こんなふうなスピーチをして、満場の拍手を浴びたのが印象的だった。

「私たち占星術家は、ユダヤ人、有色人種、あるいは同性愛者のように、社会的マイノリティとして差別されているのです！」

これほどまでの関心を集め、またこれほどまでの拒否反応を起こさせる占いとは、どういう営みなのだろうか。

占いは本当に当たるのだろうか。占いの何が魅力的で、何がいかがわしいのか。この現代社会のなかで、占いには何ができるのだろうか。あるいはできないこととは？

こんな問いに答えるために、僕は僕自身をサンプルに使うことにした。僕自身が抱えてきた葛藤《かっとう》は、そのまま現代社会のなかにおける占星術との不思議な葛藤である。そして僕が占星術から得たものは、現代社会が占星術から得られるものだと思うし、また逆に、占星術から受けたダメージは、占星術の持つ危険性として、これだけ占いが氾濫《はんらん》している今、知っておくべきことだと考えるからだ。

「占いはなぜ当たるのか」

この本は、単なる星座占いの本でもないし、またホロスコープの詳細な分析をする教科書でもない。科学的な立場からの占星術批判でもないし、また逆に占星術を布教してその信者を広めるためのものでもない。

現代の占星術という不思議な営み、占星術の位置をできるだけ誠実に紹介することが、この本の目的である。

そして、それはこの次のパーティーで、自分の仕事を聞かれたときに、「占星術です」と胸を張っていえるようにするための、小さいけれど大切な一歩であると信じるのである。

第1章

占星術のシクミ

「占い」の種類

「占星術ってどうやって占うのですか」

占星術を生業にしていることを告白したときに、しばしば聞かれる質問だ。

雑誌を開けばどの本にも星座占いは掲載されているけれど、案外、その実態は知られていない。

天体望遠鏡で星を見て、その輝き方で占うと思っている人などはまだよいほうで、なかには水晶玉を一心不乱に見つめて啓示を得ると思っている人もいる。

テレビなどの取材を受けると、「占いの道具は」と問われて、「パソコンです」なんていうものだから、相手の方は「絵にならない」と困ってしまわれる。

これは、「占い」というもののなかに、実にたくさんの種類があることを反映している。

アメリカで出版された、ポピュラーな占いマニュアル、パトリシア・テレスコ著『占い事典』（1998年）を開くと、Aの項目のエアロマンシー（天候占い）、アンソロポマンシー（人身供犠による占い）に始まってZの項目のズーロマンシー（動物占い。ネッシーの出現など奇妙な動物の目撃が何かの事件の予兆となっていると考える）まで、何百もの種類の占いが掲載されている。

今の日本では、そのような多様な占いを、命《めい》・卜《ぼく》・相《そう》の三つに分類して整理していることが多い※。この区別は一見、なかなかよくできているように見える。

※ **命・卜・相という分類**

この分類は中国で一般的だとしばしばいわれる。（例えばWikipediaには「『命・卜・相』は、中国では一般的な言い方であるが、日本には、1967年頃台湾の張明澄（張耀文）が伝えたのが最初とされる。実際、台湾の占い師の看板は、たいてい『命・卜・相』か『五術』のどちらかである。」2020年2月9日アクセス）だが、その初出ないし典拠となる文献は僕の不勉強もあり、はっきりしない。何名かの東洋占術の実践者に訪ねてみたが、やはり明確な答えは返ってこなかった（もしかすると比較的新しい日本的な分類の可能性があると考えている）。一方、李零「數術革命を語る」（池田知久・水口拓壽編『中國傳統社會における術數と思想』汲古書院2017年）によれば漢代には占いを含む「術数」書が天文、五行、暦譜、蓍龜、雑占、形法の六種に分けられていたという。これは、『漢書藝文志』に見られる記述である（鈴木由次郎『漢書藝文志』明徳出版1968年）。

「命」とは、東洋の四柱推命《しちゅうすいめい》を代表とする、生年月日をもとにする占いで、生まれ持った運命を判断すると考える。

「卜」とは、易《えき》やカード占いがその代表で、何かの偶然によって予兆を引き出す。易なら、コインを投げたり、「筮竹《ぜいちく》」と呼ばれる細い竹のスティックをより分け、その数から結果を引き出してゆく。トランプやタロットの占いは、みなさんにも馴染《なじ》みが深いだろう。

「相」とは手相や人相など、まさに文字通り「相」を見るもの。広い意味では土地の「相」を見るという点で、今、流行の風水などもこのなかに含めることができよう。

西洋占星術は、一般的にいえば、最初の「命」に分類されている（後に述べるホラリー占星術などは、この限りではなく、「卜」や「相」の要素もある※）。

基本的には、占星術はある人が生まれた瞬間の星の配置をもとにして、その人のことを占ってゆくからだ。

想像してみよう。

あなたが生まれたとき、その頭上には星々が輝いていた。たとえあなたが生まれたのが昼間で、太陽の光のためにかき消されて見えなかったとしても、産声を上げたばかりのあなたを祝福するかのように、確かに星々は空に存在していて、その光を投げかけていたのだ。

その星々の静かな光が、あなたのこれからの運命を指し示しているとしたら……。

このロマンティックなイメージ、考え方が占星術という占いの根本にある。

「星の占い」という響きには、他の占いにはないロマンや神秘がある。それは、人が

※トとしての占星術

本書執筆当時ははっきりと意識化、言語化できていなかったが、現在では僕はすべての占星術を含めて「占い」は「ト」術に分類するのがよいと考えている。後の章で出るように誤ったデータで作成されたチャートや他者のホロスコープが当たるように思える事例にしばしばぶつかるのである。出生ホロスコープですら、ある偶然の（誕生の）瞬間に現れる象徴と考えたほうがすっきりする。この思考法が本書を貫いている。

あの漆黒の夜空を見上げたときに誰でも感じる、畏怖《いふ》と脅威の感覚を呼び覚ますからだろう。

占星術は東洋にもあるけれども、ほとんどの東洋の占星術は実際の星の動きではなく、暦をもとにしている。暦はあくまでも人工的な循環によって成立している。

一方、実際の天体の運行はもっともっと複雑で、整数で割り切れるような循環をもとにしていたのでは、どんどんズレが出てきてしまう。

最近の科学の言葉でいえば、天体の運行はカオス的な振る舞いをしており、単純な繰り返しではない。そこで、どんな暦を作っても、やがては暦と天体の動きにはズレが生じてくる。閏《うるう》年や閏秒を組み込まねばならないのは、暦と太陽の動きとのズレを修正するためで、何とか暦と宇宙の運行とを一致させようとしているわけなのである。

今、日本で一般的に行われている占いのなかでは、実際の天体の運行、そう僕たちがつらいときや悲しいときや、あるいは恋人を心に思い描きながら見上げるあの星々を直接その判断材料にしているのは、西洋占星術とインドの占星術だけだと思う。しかもインドの占星術も、もともとギリシアで体系化された占星術がシルクロードを通ってインドに到達して生まれたものだから、西洋占星術とは双子の兄弟のようなもの。つまり、文字通りの意味で、「星の占い」といえるのは、いわゆる占星術しかないといえそうだ。

インドではお見合いに占星術を使う？

インドの占星術の話が出たところで、ちょっと脱線して、最近の占星術の歴史研究でわかってきたことをお話ししてみたい。

インドでは占星術が盛んにおこなわれており、ベナレス・ヒンドゥー大学などでは、占星術が立派に一つの学問として教えられているという※。人々も占星術を深く信じていて、日々の生活に取り入れている。結婚相手を探して、その成否を判断するときにも、お見合いの釣書《つりがき》にはホロスコープ（占星図）を添えるのが常識なのだそうだ。

彼らが信頼を置くインドの占星術は、現在の占星術に比べてその判断方法がぐっと複雑でかなり印象が違う。が、最近、中世やヘレニズム時代の占星術の文献がどんどん発掘されてきて、古い時代の西洋占星術の姿が再び浮かび上がってきた。すると、ヨーロッパで中世のころにおこなわれてきた、いわゆる古典占星術には、インドで現在おこなわれている占星術の方法とそっくりなものが出てきた。つまり、インドでは占星術は、ちょうど冷凍庫に保存された食物のように、歴史のなかで大きな変化をこうむることなく、原型をとどめていたというわけなのだ。

悪い言い方をすれば、インドの占星術は「進歩」しなかったわけだが、逆にいえば、現代の占星術が失ってしまった秘密のカギをいまだに保持しているともいえる。現在、西洋の、最も先端的な占星術家たちの間でホットな話題といえば、このような古典、中

※ **インドの大学での占星術教育**
本書初版では「デリー大学」と書いてしまったがこれは僕の記憶違いであり、お詫び申し上げたい。正しくはベナレス・ヒンドゥー大学などであった。著名な科学史家・矢野道雄氏による『占星術師たちのインド』(中公新書1992年)によると「ベナレス・ヒンドゥー大学は……インドを代表する大学」であるが、ここには「ジョーテイシャ」(インドの占星術)の学部があり、博士課程まで準備されているという。そして「卒業生のほとんどは家業を継ぐ形でプロの占星術師になるという」。現在では状況は変化しているのだろうか。

世の占星術とインドの占星術のつながりなのだが、そこには、占星術のルーツを探すという意味もあるわけだ※。

さて、話を戻そう。

どうやって占星術家は、星を占うのか、という話。

占星術家は、夜な夜な星を見上げ、その輝きを見つめているのだろうか。

かつては、確かにそうだった。星の占いは、まさしく実際に星を見上げ、その現象に注目するところから始まっていた。

※ **インドとヘレニズム占星術**

学術的な著作としては矢野道雄『星占いの文化交流史』（新装版・勁草書房２０１９年）が参考になる。最近では占星術実践者でありながら、古典語にも精通し、東西の占星術の伝播を探求する Jeffrey Kotyk 氏のような優れた研究者も現れてきた。Kotyk 氏のライデン大学での博士論文はこちらよりダウンロード可能。

〈https://openaccess.leidenuniv.nl/handle/1887/54858〉

クリスマスの星と占星術

聖書を思い出してみよう。

新約聖書に出てくる、イエス・キリストの誕生を東方の博士たちが星の光で知った、という逸話。

あの博士たちは、占星術家である。古い訳では、「博士」という言葉が当てられていたが、現在の新共同訳を見ると、ちゃんと「占星術の学者」と書かれている。ヨーロッパ文明の基礎を作った宗教の開祖の誕生は、占星術によって予告され、祝福されていたのだ。

今では、クリスマス・ツリーのてっぺんに輝いているあの星、あれはいったい、何だったろう。

まずは、彗星《すいせい》説。ルネサンス初期の画家ジオット（ジョット・ディ・ボンドーネ）が描くキリスト降誕の図では、頭上に尾を引く星が描かれていて、この画家がベツレヘムの星を彗星、つまり、ハレー彗星のような星だと考えていたことがわかる。

あるいは超新星説。永遠の輝きを放つように思える星にも、寿命がある。はるか彼方の恒星が、その寿命をまっとうして、大爆発を起こすときには、星は最期の力をふりしぼって、まばゆい光を放つ。突然、星の光が強くなるこの現象を「超新星《スーパーノヴァ》」というのだが、今から2千年前に、このような超新星が出現したのではないか、というのだ。

さらに、木星と土星の会合という説。これは理科の教科書にも惑星運動の法則の発

東方三博士の礼拝

見者として登場する、ヨハネス・ケプラーが唱えた説だ。木星と土星は、当時知られていた惑星のなかでは、最も動きが遅いものだった。この二つの星が接近することは、平均して20年に一度。このサイクルは当時知られていた天体の運行のなかでは、特に重視されていた。

しかも、今から2千年程前には木星と土星が、1年のうちに3回も接近することがあった。1年に三度というのはたいへん珍しい。

古代の神官にして占星術家であった学者たちが、この会合をもとにメシア（救世主）の登場を予告したというのである。

それぞれの惑星のシンボリズムとその意味は、後でじっくりとお話しすることになるのだが、木星は神々の王と見なされており、また土星は古代、中世の社会ではユダヤ人を表すとされていた。つまり木星と土星のランデブーは、「ユダヤ人の王の誕生」と見なされたのではないかというのだ。

この説は、現在では英国プリマス大学の天文学部教授で、磁気天文学（magnetic astronomy）の世界的権威、パーシー・シーモア博士も支持、１９９８年の著書のなかでそれを認めている※1。

また、あの心理学者C・G・ユングも、ケプラーの木星と土星のランデブーが、「ベツレヘムの星」であったという説の支持者だ※2。

そして、木星と土星が接近したのは「魚座」においてであったが、初期のキリスト教では、魚をそのシンボルとしていたこと、さらには「人類の贖罪《しょくざい》のために自ら犠牲になったイエス」というキリスト教の教えが、魚座の意味である「愛と自己犠牲」と不思議に一致していることをつけ加えておこう。

※1　**シーモア博士のベツレヘムの星論**

Percy Seymour *Astrology the Evidence of Science* Arkana 1998, 12章参照。シーモア博士は木星と土星の合が地球を挟んで太陽と向き合った時に天体の潮汐力が太陽に働きかけて太陽活動に影響を与えた可能性があると論じる。ただし、同時に生まれた人は多数いるのだから、そのなかから一人の救世主を特定することは原理的には不可能であるとする。が、後に息子の生誕時の星の配置が特別であったことを「東方の博士」によって聞かされていた母マリアが、イエスが特別な子であると伝えながら育てたことがイエスのその後の人生に大きな影響を与えた可能性はあるのではないかというのである。つまり星は集合的、普遍的なことに影響するという「自然占星術」と、個別的な事項を観ようとする「判断占星術」のユニークな折衷案であるといえよう（自然占星術と判断占星術については本書の付録ジェフリー・コーネリアス博士の論文を参照）。

※2　**ユングとベツレヘムの星**

ユング著、野田 倬訳『アイオーン』（人文書院1990年）マギー・ハイド著、鏡リュウジ訳『ユングと占星術』（新装版・青土社2013年）参照。

予兆《オーメン》としての占星術

ベツレヘムの星が、彗星だったのか、超新星だったのか、あるいは、木星と土星の会合という天体現象だったのか、謎解きはスリリングだけれども、今となってはどの説も推測の域を出ない。

けれども、重要なのは、普通とは違う天の動き、天の異変のなかから、聖書のなかの「占星術の学者」が未来への「予兆」を読み取っているということだ。

このような占星術を、「予兆《オーメン》(omen)」の占星術と呼ぶ。現在知られている、最も古い占星術は、予兆によるものだった。

紀元前7世紀のバビロニア王、アッシュルバニパルの図書庫から膨大《ぼうだい》な文書が発掘され、そのなかには占星術記録もたくさん含まれていた。そのうちの一つには、こんなふうに書かれている※。

火星が逆行して蠍座に入ったら、王は用心しなければならない。これは非常に悪い日であるから、王は宮殿の外に出てはならない。

当時の占星術は、天下国家のためのもので、個人のものではなかった。そして、王に仕える占星術家は、夜な夜な星空を見上げては、何か異変はないかを監視していたのである。惑星の不可思議な動き、日食や月食、あるいは彗星なども、そのような予兆の素材となったであろう。

※ **バビロニアのオーメン占星術について**
カーメン・ブラッカー、ミハエル・レーヴェ著、島田裕巳ほか訳『占いと神託』(海鳴社１９８４年)、月本昭男著『古代メソポタミアの神話と儀礼』(岩波書店２０１０年)、Michael Bagent *From the Omens of Babylon : Astrology and Ancient Mesopotamia* Penguin Arkana 1994 など参照。

この感覚は、現代人にもわからぬことではない。夜空の月が異様に赤く大きく見えるときに、妙な胸騒ぎを感じてしまうのは、僕たち自身もしばしば経験することではないだろうか。

では、現在の占星術家も、自宅に天文台を作って夜空を見上げているのだろうか。残念ながらそうではない。現在の占星術家は、実際の夜空よりも、天体の運行表やパソコンの画面を見ることに慣れている。

ときおり、友人たちと郊外に旅行したり、静かなリゾートのビーチに出かけることがある。都会と違って夜は暗い。まさしく降るように星が瞬《またた》き、東京では見ることのできない天の川がぼんやりと空に浮かび上がる。

そんなときには、普段、星になど興味を持たない友人たちも目を星に向け、聞いてくる。

「おい、あの赤い星は何だ？」

「私の魚座はどこにあるの？」

友人たちは、占星術をやっている僕は当然、夜空の星にも詳しいはずだと考えるのだ。しかし、それは見当違いなのだ。星座早見盤でもない限り、どこにどの星座があるかなど、全くダメ。キャンプなどに慣れたボーイスカウト出身の男においしいところは全部持っていかれてしまう。

今でこそようやく実際の星の位置も少しはわかるようになってきたが、つい最近までは実際の夜空の星座など、まるきりわからなかった。これは僕だけではなく、今、占星術をやっている人間には共通していえることだと思う。

星がわからない占星術家。ひどい話だけれど、仕方がない。それが現実だ。

では、占星術家は何を見ているのか。それは、「ホロスコープ」、星空のマップなのである。

このホロスコープ、今ではパソコンで一瞬にして作成することが可能。インターネットのサイトでも、無料でホロスコープを作成してくれるところがある。手前ミソになるが、「鏡リュウジ占星術」でも、ホロスコープ作成は可能だし、より本格的にはAstrodienstのページを訪れればよい。さらに市販の入門書でも概略のホロスコープを作成することが可能。ルル・ラブア著『ホロスコープ占星術』（学研）などが参考になるだろう。お手もとに自分のホロスコープがあれば、さらに本書を楽しんでいただけると思う。

星占いと占星術は別もの

もし、あなたが僕のところにやってきて、「占ってほしい」と相談を持ちかけてきたとする。

真っ先に僕が尋ねるのは、あなたの出生年月日、生まれた時刻、そして生まれた場所だ。

「生まれた時刻まで必要だ」というと、たいていの人は驚くけれど、正確なホロスコープを作成するには、分単位までのデータが必要なのだ。

一般に「星占い」というと、生まれた月日で、12の星座に分けて人を占う方法だと思っている人が多い。しかし、これは正式な占星術の方法から比べれば、かなり単純化された方法だ。

歴史的にいえば、「星座占い」は長い長い占星術の歴史のなかでは、極めて新しいものだ。メディアに星座占いが初めて登場したのは1930年代のこと。イギリスのR・H・ネイラーという占星術家が新聞『ロンドン・サンデー・エクスプレス』に、その月々の予言と、誕生星座による運勢占いを掲載し、大ヒットさせたのが始まりだといわれている※。

※ マスメディアの星占いの誕生については拙著『占星術の文化誌』（原書房2017年）を参照。

ホロスコープとは

それ以前には、「あなたは何座の生まれですか」という問いもなかったし、あったとしても、それはいわゆる「誕生星座」を指すのではなく、実に細かい計算をした上で、誕生時に東の地平線から上昇した星座を探して、それを自分の運命の星として答えることになったはずだ。

本来、占星術では、生まれた月日だけではなく、出生年、時刻と場所を聞き出して、地平線から昇る星座、惑星、地平線の下にある星々、それらの角度関係などをすべて網羅した「星のマップ」を作り、それを解釈してゆくという手続きを踏むことになるのだ。この星の配置図を「ホロスコープ（天宮図）」と呼ぶ。

昔の占星術家は、表とにらめっこで何時間もかけてホロスコープを計算したものだが、今日ではパソコンが一瞬にして正確なホロスコープを作成してくれる。

例えば、僕自身のホロスコープ（図表①）。

初めて見ただけでは奇妙な記号と数字の組み合わせで、何がなんだかわからないだろうが、占星術のシンボリズムに馴染んだ人間なら、ここから実にさまざまな情報を読み取れるのだ。まさしく、占星術家にとっては、このホロスコープこそ無限にイマジネーションを掻き立ててくれる、宝の箱のようなものなのだ。

ホロスコープの構造を、ここで解説してみよう。理科の時間のような感じになるかもしれないが、中学校の教室に戻ったつもりで、星空に思いを馳《は》せながら読んでほしい。

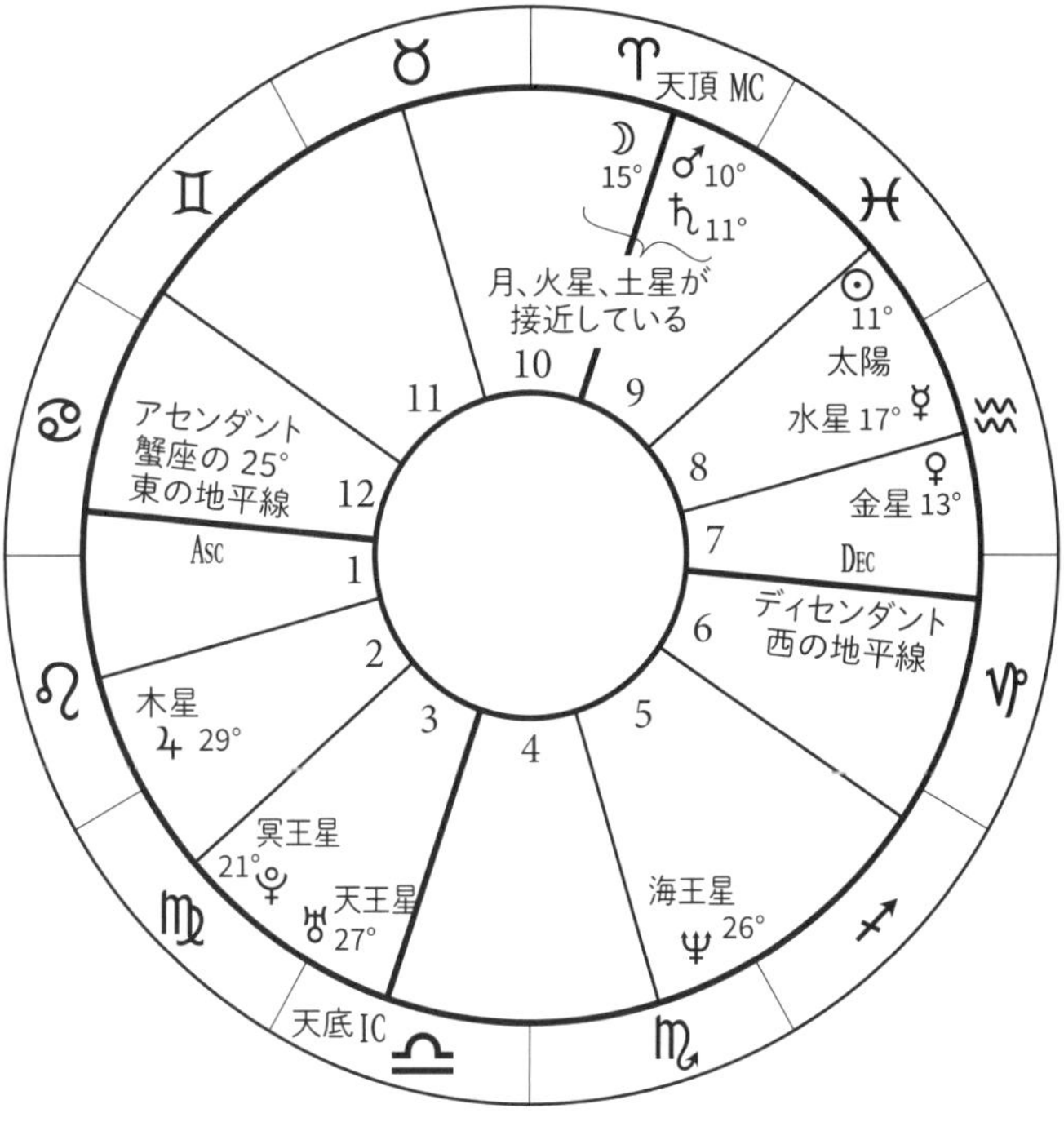

図表1　著者自身のホロスコープ

鏡リュウジのホロスコープ。データは、1968年3月2日午後2時3分京都(時刻は母子手帳によった)。各星座の記号は118ページ参照。

占星術は天動説に拠《よ》っている

ホロスコープとは、ある瞬間の太陽系の星の配置を、地球上の一点から見たところを一枚の円形の図表にしたものだ。

いきなり難しい話が出てきて、面食らわれる方も多いかもしれないが、そうややこしい話ではない。図を見れば一目瞭然だ。

まず、最初に覚えておいてほしいのは、占星術では地球を中心に宇宙を考えるということ（図表②）。いわゆる天動説というヤツだ。これは占星術が古代の宇宙観に基づいているということと、あくまでも占う対象は地球の上での出来事であり、地球の上に住む人間だからだ、ということで、とりあえずはご了承されたい（現代人にとっての天動説宇宙観の意味については、後で触れるつもりだ）。

ここでプラネタリウムを思い出してほしい。

座席に座っているあなた（これが地球）を取り囲んで半球型のドーム、丸天井が設置されている。夜空を彩る星座たちは、この丸天井に投影されている。古代の人々が考えた宇宙は、まさにこのプラネタリウムのようなものだった。地球を取り囲み、透明で巨大な球が存在している。これを「天球《てんきゅう》」と呼ぶ。星座の星々は、天球に張りついていて、ほぼ24時間で1回転しているのだ。

プラネタリウムでいえば、あなたのシートの下、地下の部分にもこの丸天井は存在しているのだとイメージしてもらいたい。地平線に沈む星も、実際には消えてしまうわけではなく、ただ見えなくなるだけなのだ。

ところで、この天球には今では全部で88の星座が結ばれている。が、占星術で重要になるのは、いわゆる「12星座」だけだ。この12の星座はどのようにして選ばれたのだろう。ここで重要になるのが、われらの光の源である太陽だ。

現実には地球が太陽の周りを1年かけて1周しているのだが、地球から見ると太陽のほうが天球を縫って動いているように見える。この天球上での太陽の通り道を「黄《こう》道《どう》」と呼ぶ。

古代オリエントの人々は、この黄道に沿って並ぶ12の星座をピックアップし、特に大切なものとした。これが「黄道12星座」だ。その起源は諸説あるが、紀元前7世紀のバビロニアの文書にはすでにその記録が残っている。

Schema huius præmissæ diuisionis Sphærarum.

図表2 古代の宇宙観（Ⅰ）

占星術では、地球を中心において宇宙を考える。地球を取り囲むようにして惑星の軌道が存在し、最も外側には12宮を初めとする恒星が張りつく天球が存在する。

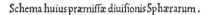

さまよえる星

この黄道が重要視されたのは、ただ太陽の通り道であるからだけではない。太陽のほかに月や火星や木星など、太陽系の仲間の星々もおおよそこの黄道に沿って動いているからだ。

占星術では、太陽・月・水星・金星・火星・木星・土星、加えて近代になって発見された天王星・海王星・冥王星を「惑星」と呼ぶ。現代の天文学では、太陽は恒星（自分で輝く星）、月は衛星（惑星の周りを巡《めぐ》る星）と分類されるが、要は、天球にべったりと張りついているように見える星と違って、それぞれのペースで天球を旅しているように見える星々が「惑星」と呼ばれたのだ。

しかも、この惑星たち、動きは一見、実に気まぐれ。太陽は1年で1周とほぼ決まっ

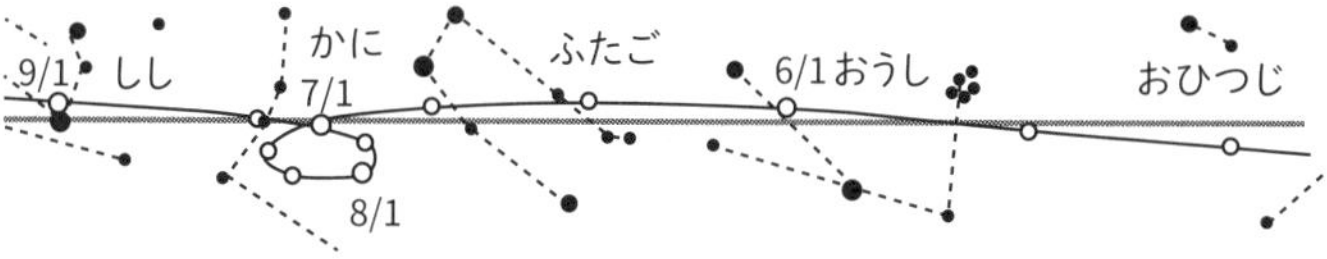

図表3 **水星の動き**

1999年5月から9月までの水星の動き。時間を追って、水星が星座の間を縫うようにして行きつもどりつして動くのがわかる（『天文年鑑99』誠文堂新光社1998年）。

ているが、地球から見ると火星や水星は行きつ戻りつ、ときにループを描きながら天球をそれぞれの速度で動いていく。

図表③は、1999年の水星の動きだが、いかにその動きが不可思議に見えるか、ご理解いただけるだろう。

古代の人々が、これらの惑星たちは自分の意志を持つ神々であると考えたのも無理はないだろう。

例えば、バビロニアでは惑星たちが神々の化身であり、天下の運命を司っていると考えられた。この星の宗教が占星術の直接の起源だと見なされている。そこで占星術の主役は、これら惑星の神々なのである。

しかし、先にも述べたように、一見、気まぐれな惑星も、よく観察すると黄道のそばを大きく離れることはない。したがって、星の位置を記すには、さしあたって黄道だけを気にしていればいい、ということになる。

黄道と12星座

ここから、占星術が用いるモデルは、三次元の立体から二次元の平面へと切り替わる。さあ、イメージのトレーニング。こんなふうに想像してみよう。

もう、お馴染みの天球。これを一つの巨大なリンゴのようなものだとイメージしよう。ただしこの「天球リンゴ」はまん丸い。リンゴを外から見ると、そこにはたくさんの星座が描かれている。

この天球リンゴをよく見ると、1本のラインがぐるりと表面を取り囲んでいるのが見える。このラインが「黄道」だ。さて、このリンゴを黄道に沿ってナイフで水平にスパッと二つに割って、その断面を見てみよう。真ん中の芯に当たる部分、これが地球。そして、リンゴの断面には、いくつかの種があるだろうが、これらが「惑星」たちなのだ。

天球というリンゴをぶった切った断面図、これが「ホロスコープ」だと理解してほしい。

さて、大切なのは、リンゴの種、つまり惑星の位置。これをどんなふうに記せばよいのか。幸いにも、天球リンゴには、皮の部分、表面に沿って星座が並んでいる。そこでこの断面に近い、12の星座、つまり黄道12星座をその目印として使えばよいということになる。

芯から見て、太陽に当たる大きな種は魚座の方向だな、とか、少し赤い火星種は牡羊座の方向だな、といった具合である。

バビロニアの「予兆占星術」で登場した「蠍座に入った火星」といった記述は、こうしたモデルに基づいている（図表④）。

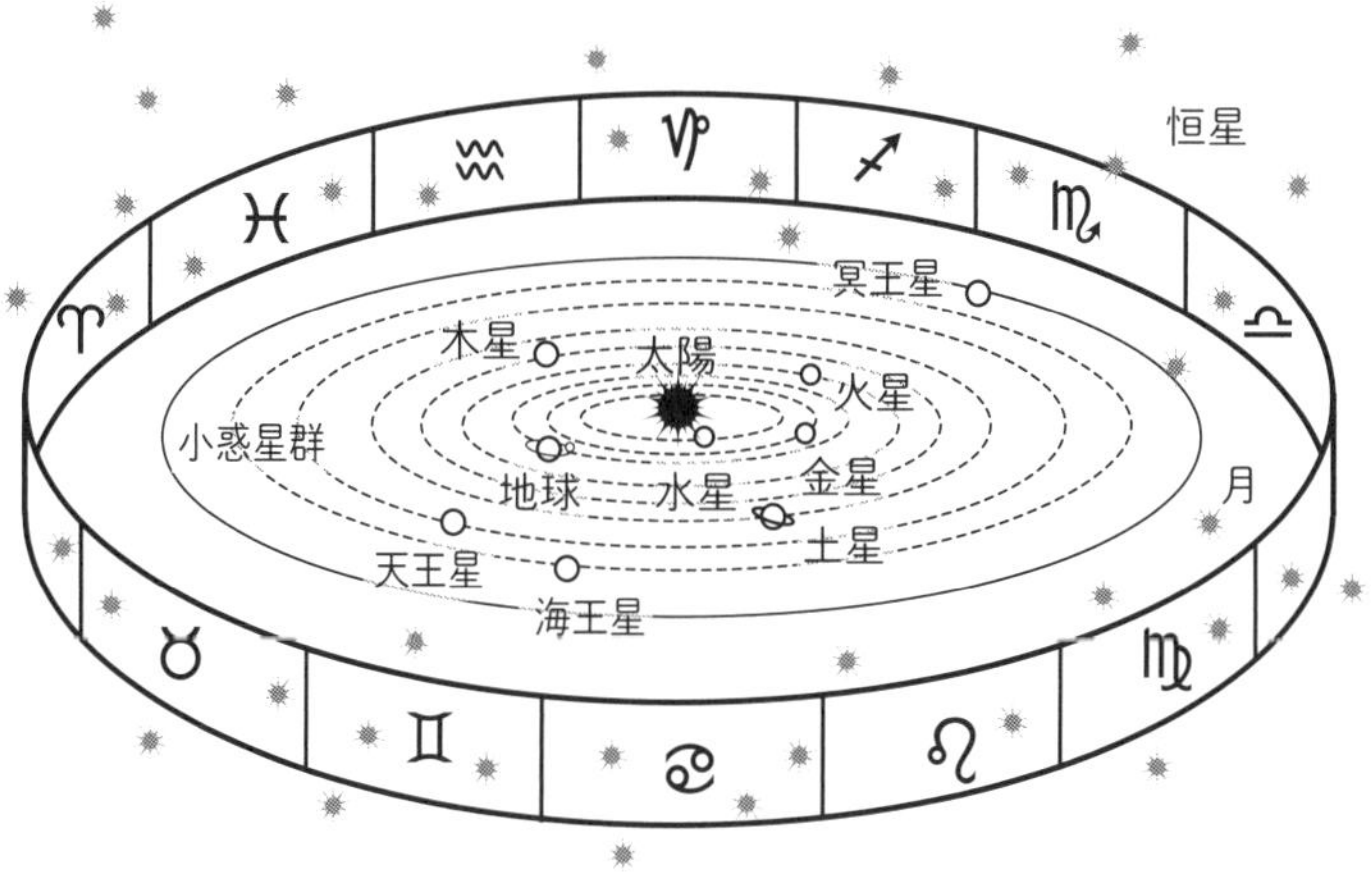

図表4 **太陽系の惑星と黄道12宮**

太陽系と黄道12宮の関係を図式化すると、図のようになる。太陽系の惑星はまるでレコード盤のように、ほぼ同じ平面上の軌道で太陽の周りを巡っている（ルル・ラブア著『占星学の見方』東栄堂1974年）。

占星術の星座は「星」にあらず？

ここでちょっとショッキングな話がある。

占星術で用いている「星座」は実際には、空に輝く星々ではないのだ。ややこしい話だが、もう少しおつき合い願いたい。

イメージの訓練をさらに続けてみよう。

今度は、リンゴがピザに変身する。さきほどのリンゴの断面図だが、もう天球が立体である必要はないので、ここでは、その断面図を円形のピザのようなものと考えてみる。惑星を表すリンゴの種子は、ここではピザにトッピングされたオリーブの実だということにでもしておこう。オリーブの実は、比較的中心近くに並んでいる。

一方で、リンゴの場合であれば、皮の上に描かれていたはずの12の星座に当たるものもイメージする。

例えば、これはトマトでもサラミでも何でもいいのだが、これらの12のトッピングがピザの縁のあたりに並んでいると想像しよう。

ここで、このピザを公平に12人の人に分けることにする。一番簡単なのは、中心の角度を30度に決めて、ナイフで12のピースに分けることだろう。同じように天球ピザを12のピースへとブロックに分割して、それぞれのブロックに一番近い星座の名前をつけた。これが占星術でいう「12の星座」なのだ。

しかし、もうおわかりのように、この「星座」は、ピザのピースなのであって、そこに乗っている実際の星からなる星座（ここではトマトやらサラミやら）とは別ものだということが、すぐにわかるだろう。

英語ではこの両者の違いは一目瞭然。ピザのピース、つまり占星術上の星座は「サイン」、一方、夜空に輝く星座は「コンステレーション」と呼ばれている。ちなみにサインとは文字通り「記号」、コンステレーションとは「星の配列」という意味である。日本語では両方「星座」となっていて、話がこんがらがってしまいやすい。そこで誤解を避けるために、かつてはサインとしての星座をいうときには「白羊宮《はくようきゅう》」だの「金牛宮《きんぎゅうきゅう》」だの漢訳語を当て、コンステレーションとしての星座を指すときには「おひつじ座」、「おうし座」（この場合はひらがな）と表記を分けようとする動きもあった。

しかし、結局はマスコミでは馴染みやすい和名のほうで一般化してしまった、といういきさつがある。

本書でも「牡羊座」「牡牛座」と一般的な呼び名を用いることにするが、特に断りのない場合には、黄道12星座の場合には、「サイン」のほうを指しているとご理解いただきたい。

2千年前のホロスコープ占星術

どうしてコンステレーションではなく、サインを用いる必要があるのだろうか。それは惑星の位置をより正確に指し示すためだ。

コンステレーションとしての星座、つまり実際の星座は蠍座のように巨大なものから天秤座のように小さなものまで大きさもまちまち。しかも、星座と星座の間の境界をどんなふうに定めればよいのかも、はっきりしない。逆にサインなら、ちょうど区画整理された町の番地表示のように、きっちりと位置を確定できる。

つまりサインのピース（ピザのピースだと考えよう）に分度器を当てて、惑星（オリーブの実）がそのサインの何度のところにあるか計ればいいわけだ。

一つのサインには0度から29度の目盛りがあることになる。あるサインの30度は次のサインの0度に当たる。
天体の位置を角度で示す方式は、紀元前3世紀のヘレニズムのセレウコス朝下ではすでに採用されていた。ある貴族の出生ホロスコープが作成されていて、こんなふうに解釈されているのだ※。

木星は射手座の18度、……そのためにこの人物は長生きするだろう。金星は牡牛座の4度。……彼はどこに行っても幸運に恵まれる。息子と娘を何人かもつことになるだろう。

つまり、彼らは今から2千年以上も前から惑星の正確な位置を記録し、その位置から個人の運命を占っていたのだ。
この予言が当たったかどうかはわからない。が、こんなに古くから人が生まれたばかりの子供の未来を案じ幸運を祈っていたのだと思うと、なんだか少し感動してしまうのである。

※　中山茂著『占星術』（紀伊國屋書店１９６４年、復刻版２００５年）

13星座スキャンダル

サインとコンステレーション。この二つの違いはご理解いただけたと思う。あとは、サインの起点をどこにするか、ということが残っている。

占星術では「春分点」を基準にしようということになっている。春分点とは、正確に定義するなら、天の赤道（地球の赤道を天球にまで延長した線）と黄道（太陽のみかけの通り道）が交わる点。早い話、毎年春分の日に太陽が通過する点だと考えていただこう（図表⑤と⑥）。ここが牡羊座のサインの0度だ。ここから反時計回りに、牡牛座、双子座……とサインが進んでゆく。

もうおわかりだと思うのだが、実際の天の恒星からなる星座と、占星術上のサイン（星座宮）を混同するとやっかいなことになる。

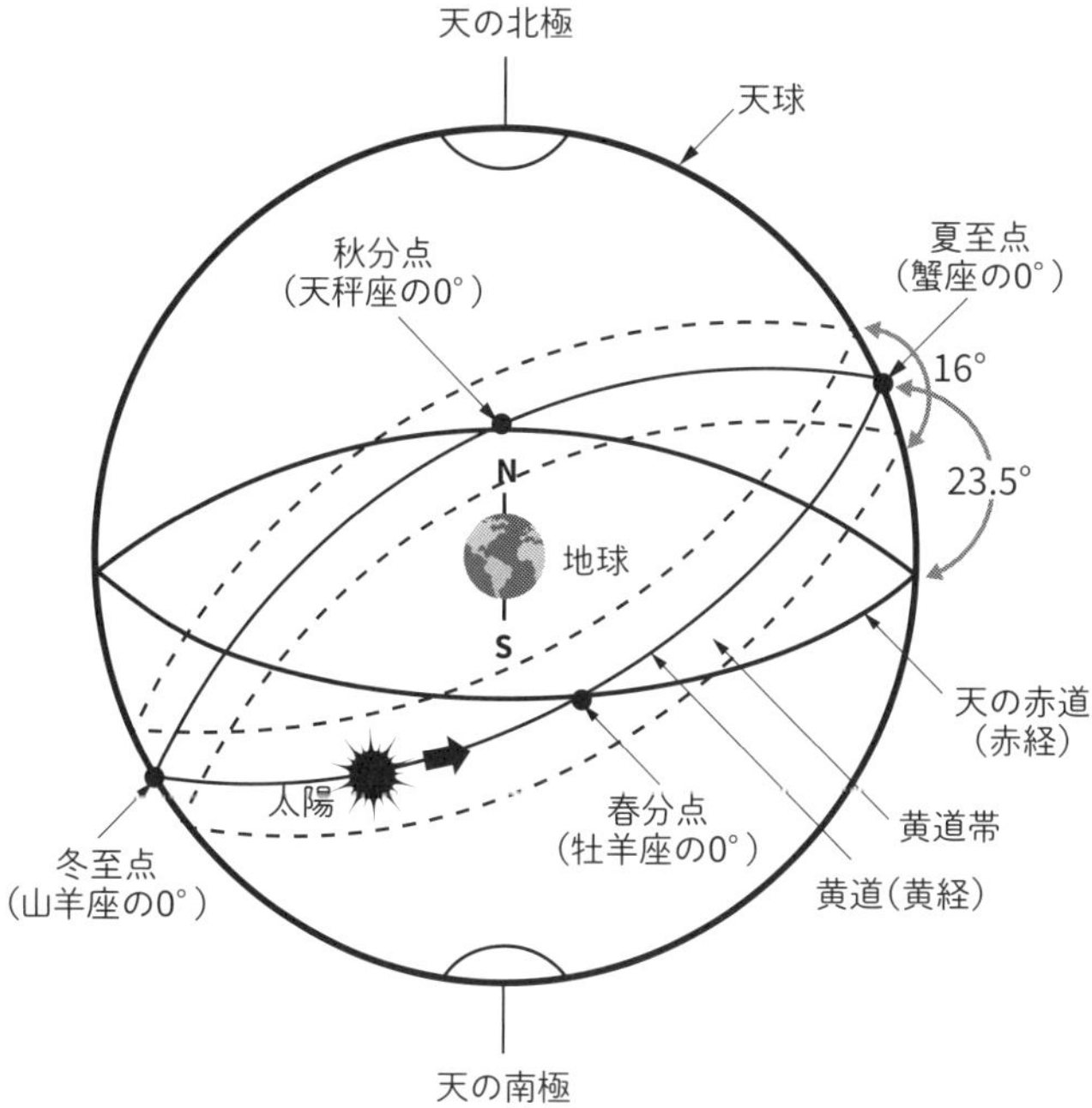

図表5　黄道と天の赤道

天球における、黄道と天の赤道の関係を示したもの。天の赤道と黄道が交わる点が、それぞれ牡羊座のサインの０度、天秤座のサインの０度になる（ルル・ラブア著『占星学の見方』東栄堂 1974 年）。

例えば、その昔、話題になった「13星座占い」。13星座騒動は、この区別がされていないために起こったものである。

事の起こりは、イギリスの新聞だった。王立天文学協会の天文学者、ジャクリーン・ミットン博士という人物が、占星術上の星座の区分は、実際の恒星からなる星座とは全く違うものであるということを指摘、本当に正しく「星」で占うのなら、星座の大きさも大小をつけて、しかも、黄道上に

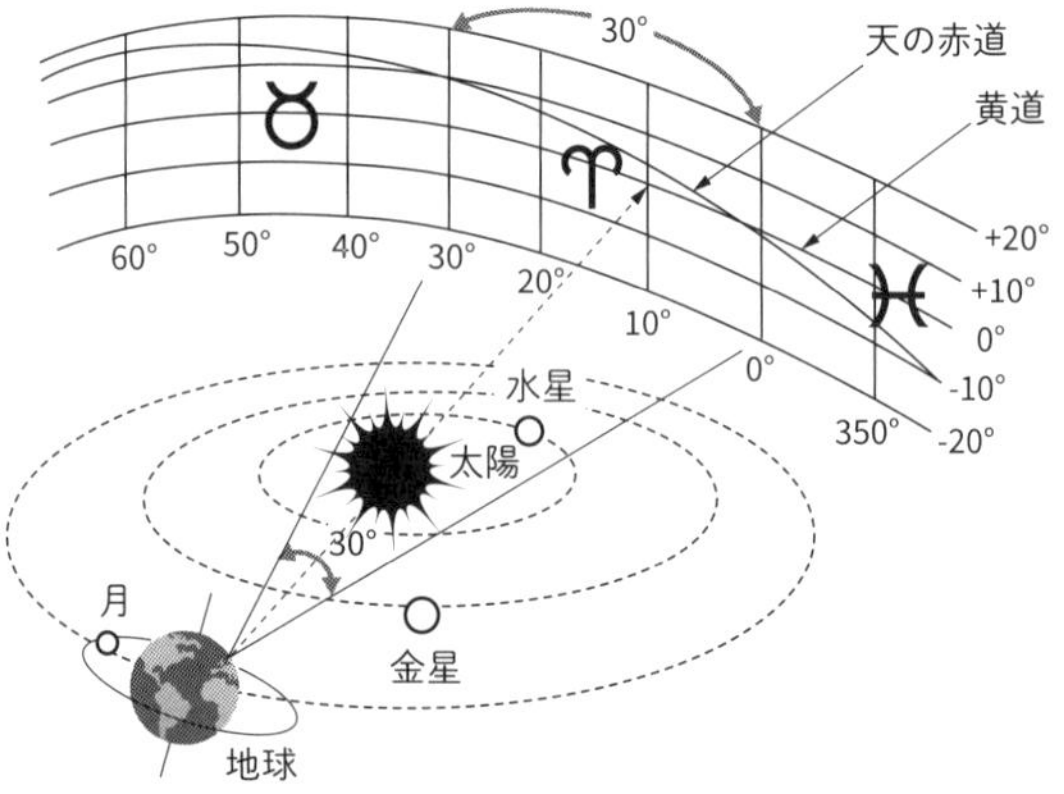

図表6 地球から見た惑星の位置

ホロスコープでは、惑星の位置は地球から見た、黄道上の星座宮を基準として標記される。つまり、惑星の背景になっている星座宮が重要になるのだ（ルル・ラブア著『占星学の見方』東栄堂 1974 年）。

〝足〟を引っかけている「へびつかい座」も加えるべきではないかといったのだ。

しかも、春分点は、長い年月の間に黄道上を西から東にバックしてきており、今では、春分点は天文学上の魚座の始まりのあたりにある（この春分点の移動のことを「歳差運動」と呼ぶ）。もともとの位置から30度ほどズレているわけで、その意味でもおかしいというわけだ（図表⑦）。

もちろん、ミットン博士の意図は一種のジョークないしはパロディだったわけで、天文学から見れば迷信的な占星術をバッシングすることにその目的があった。しかし、なぜか日本では、この「教育的」な目的を持っていたはずの、ジョーク記事が「新しい占い」としてメディアで紹介され、そのブームに便乗する占い師が続出。一つの流行となってしまったのだった。英語圏でも、「13星座占い」は本も出たが、ここまで13星座が流行してブームになったのは、日本だけ。火元のイギリスでも、アメリカでも、ほとんど問題にもならなかった。そのあたりが、伝統の差なのだろうか……。

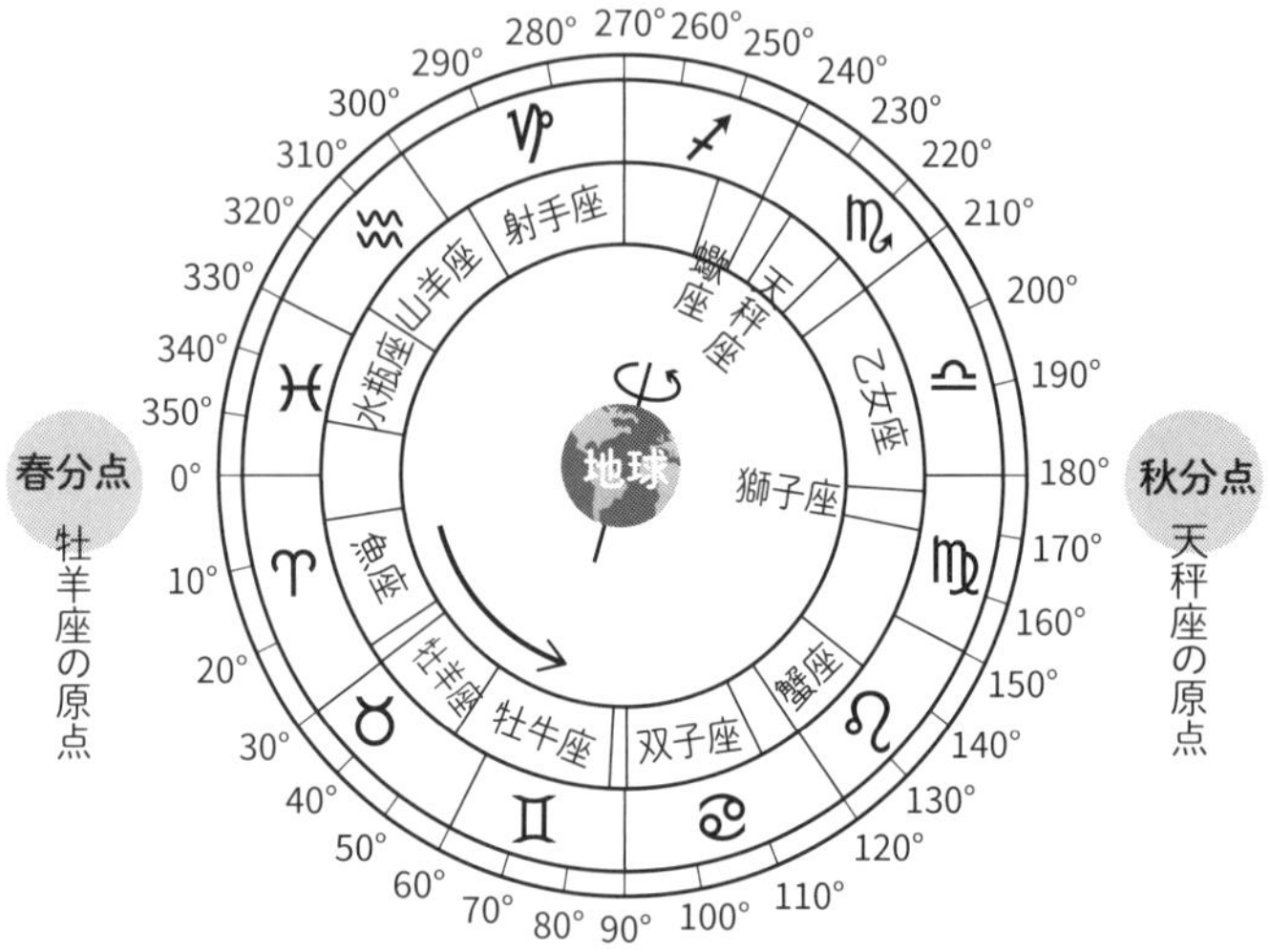

地球から見た天球 ｛ 内側の円は獣帯十二星座 / 外側の円は黄道十二宮

十二宮は正確に30度の幅を持っているが
十二星座は必ずしも30度の幅を持っていないことを示す

図表7 歳差運動による春分点のずれ

天のサイン（占星術上の星座宮）は、恒星からなる星座とは、地軸のブレにより徐々にずれてゆく。これは現代の星座宮（外円）と恒星の星座（内円）の概略のずれをしめしたもの（ルル・ラブア著『占星学の見方』東栄堂 1974 年）。

ホロスコープの読み方

さて、惑星の位置を正確に記すための工夫である12星座のシステムが完成すると、ホロスコープは盛んに作成されるようになる。

例題の僕自身のホロスコープ（45ページの図表①）に戻ってみよう。

外側の帯にぐるりと、星座の記号が書き込まれている。これが、天球にベルト状に張りついている12の星座、12の「サイン」である。

そして、この12の星座のなかに10個の惑星が記されていることがわかるだろう。

太陽（☉）は、魚座の11度。月（☽）は牡羊座の15度、というわけである。

いわゆる「誕生星座」というのは、太陽が入っている星座のことを指す。太陽はほぼ規則的に、1年で黄道を1周するので、今の暦（太陽暦）でもおおよそ、太陽のサインを示すことができる。そこで誕生日だけで太陽の星座がわかるわけだ。

複雑な計算を全く抜きにして、例えば、3月21日から4月20日は牡羊座というように、自分の「星」がわかるわけだから、雑誌の占いには、実に便利なわけである。

しかし、もうおわかりのように、ホロスコープのなかに描き込まれているのは太陽だけではない。ほかに月や水星や金星なども描き込まれている。これらの惑星の位置はコンピュータで計算するか、天文暦をいちいちチェックしないとわからない。

太陽以外の惑星も占星術の判断の上では重要な役割を果たすので、太陽の大雑把《おおざっぱ》な位置だけを使ういわゆる「星占い」とホロスコープの占星術では、その複雑さがずいぶん違うということがわかるだろう。

ごく単純に考えても、太陽の星座（12通り）だけでなく、月の星座（さらに12通り）をカウントすれば、そこで12の12倍の詳しさが得られる（僕の場合は、太陽は魚座、月は牡羊座だ）。

つまり、太陽×月だけで144通りの分類ができるわけだ。さらに火星の星座を考えれば、その12倍、木星も土星も……と考えればバリエーションは膨大になってゆく。しかも、それぞれの惑星がどの星座に入っているかだけではなく、度数、分まで考えるのだから、組み合わせはまさに無限。あなたの生まれた瞬間の星の配置は、まさにあなただけのものなのである。

ある占星術師は、出生ホロスコープを「個人の存在証明書」だと形容している※。言い得て妙な表現といえるだろう。

※ ルネ・ヴァンダール・ワタナベ著『運命学の真実』(フリー・スペース2009年)。正確には「個人の宇宙的出生証明書」。

天の宮殿、ハウス

黄道の12の星座が惑星の位置を記す重要な指標になったことはおわかりだろう。そして、ホロスコープから惑星の位置を読み取ることもできた。

そしてもう一つ、占星術には欠かすことのできないファクターがある。それが「12のハウス」だ。

12のハウスは、それぞれ「結婚」や「金銭」など司る内容が決まっており、具体的なことを占うためにはどうしても必要である。

ハウスとは、ホロスコープを12のブロックに区切ったものだ。これだけいうと12の星座（サイン）と混同しやすいが、星座とサインは全く別ものなので、間違えないようにしてほしい。

ハウスは、あなたが生まれた場所の、東西の地平線、あなたの頭の真上、そして真下を基準に計算される。そこで、まずはこのホロスコープの「軸」を理解しよう。

さて、またイメージの時間だ。今度は実際の夜空を想像する。あるいはプラネタリウムでもいい。

あなたが立っているその地点から東の地平線を眺めてみよう。ここから星々は上昇してくる。実際には地球のほうが回転していて、星座が昇ってくるように見えるだけなのだが、占星術の世界観では天球のほうが不動の地球の周囲を回転しているのだと考える。

地平線から昇る星。あるいは、毎日規則的に繰り返される太陽の動き。そのなんと荘厳なことか。

古代の人にとって、星が昇る東の地平線がいかに重視されたかわかるだろう。

また時計のなかった時代には、地平線から昇る星は時刻を測るための重要な要素であった。

「ホロスコープ」という言葉は、今では太陽系の惑星の配置図全体を指す言葉だが、本来は東の地平線を指す言葉であった。ギリシア語では「hora（時間）scopos（見張り）」、「時間を見張るもの」という。また、ギリシア語の「ホーラー」は、今の英語の「ホライゾン（地平線）」や「アワー（時間）」となって、その名残をとどめている。

ホロスコープの図のなかでは、この東の地平線は、左端に記され、「アセンダント（ASC、上昇点）」と称される。ここは当然、占星判断の最重要なカギを握るとされる部分だ。

一つの星座（サイン）は、およそ2時間でアセンダントを通過していく。一つの星座は30度。2時間で30度の差だから、約4分、出生時刻に違いがあれば、アセンダントの星座の度数は1度動くことになる。占星術の判断で出生時刻の正確さがとても重要になる、というのはまさにこのため。

今度は、振り返って、西の方角を見てみよう。ここは星々が地球の反対側へと沈んでゆくところ。西方浄土ではないが、古代の人々は、西の地平線を他界との接点だと考えたことだろう。

現代の占星術では、ここは「他者」や「パートナー」を表すと考えている。ホロスコープの図では、右側の端に当たる。呼称は「ディセンダント（DES、下降点）」。

次に真上を見上げてみる。ここは、太陽や月や惑星たちが昇りつめるところ、天の頂上だ。

ホロスコープの図ではもちろん、真上で示される。呼称はMC（メディウム・コエリ）、ラテン語で天頂の意。ここは、古代からその人の人生の到達点や職業を表すとされてきた。

そして最後に、自分の足の真下。ここにも目には見えないが、星は確かに存在している。

ホロスコープの一番下に記されるここは、ＩＣ（イムム・コエリ、天底）と呼ばれ、自分のルーツなどを示すとされた（厳密には、ＭＣとＩＣは黄道と子午線が交わったところ、と定義すべきだが、ここでは細かいことは気にしなくてもよいだろう）。

アセンダント、ディセンダント、ＭＣとＩＣ、この四つの点があなたを中心に巨大な十字を作り、ホロスコープの屋台骨をなしているとイメージしてほしいのだ（図表⑧）。

このホロスコープの軸は、特に重要で、その近くにある星は大きな影響を振るうことになるとされる。この屋台骨は、天球を四つの大きな区画に区切る。そして、その区画の一つひとつをさらに三つずつに分割する（その分割の仕方は流派によって異なる。ここでは専門的になりすぎるので詳述しない）。

こうして、ホロスコープ全体が12の「ハウス」に分割されたことになる。アセンダントを起点に反時計回りに、「第1ハウス」、「第2ハウス」、「第3ハウス」……とカウントされる。

45ページの図表①のホロスコープでは、円の中心付近に1、2、3……とナンバーが振られている。これがハウスを示すナンバーだ。

実際の占いでは、それぞれのハウスにどんな星座や惑星が入っているかで具体的なことを占っていくのである。

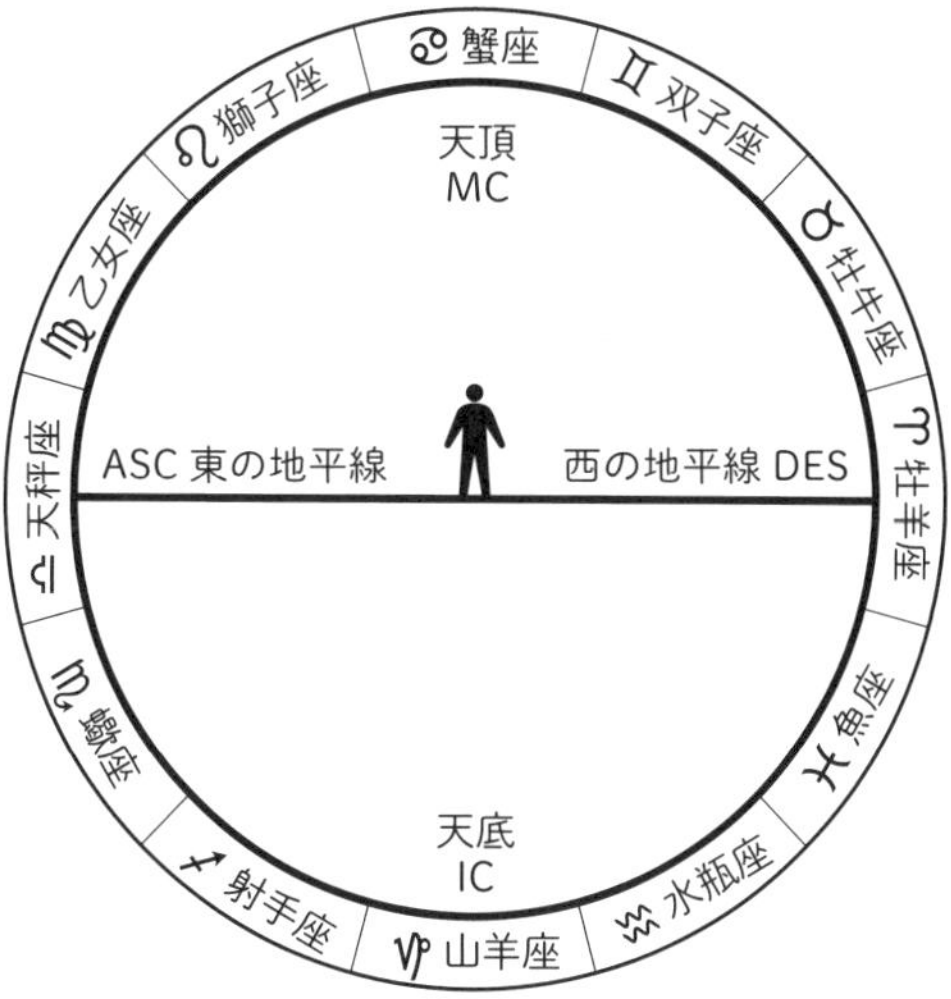

図表8 地平線と12宮

地平線から見た12星座のイメージ。地平線から上にある星は、ホロスコープの上方に、下にある星は下方に表示される。

星の角度（アスペクト）――占星術の決定打

実際の占いでは、惑星同士が作る角度が重要になる。これを「アスペクト」というのだが、二つの惑星がホロスコープの上でごく近い位置にあると、これをコンジャンクション（0度）といい、星のエネルギーが融合するという。コンジャンクションと見なされる幅は、ホロスコープの上でだいたい、プラスマイナス8度の範囲。

逆に180度だと、星のエネルギーが激しい緊張状態におかれる。アスペクトは、占星術の判断の上で決定的な役割を果たす。

主要なアスペクトとしては、これらのものが挙げられる（図表⑨）。

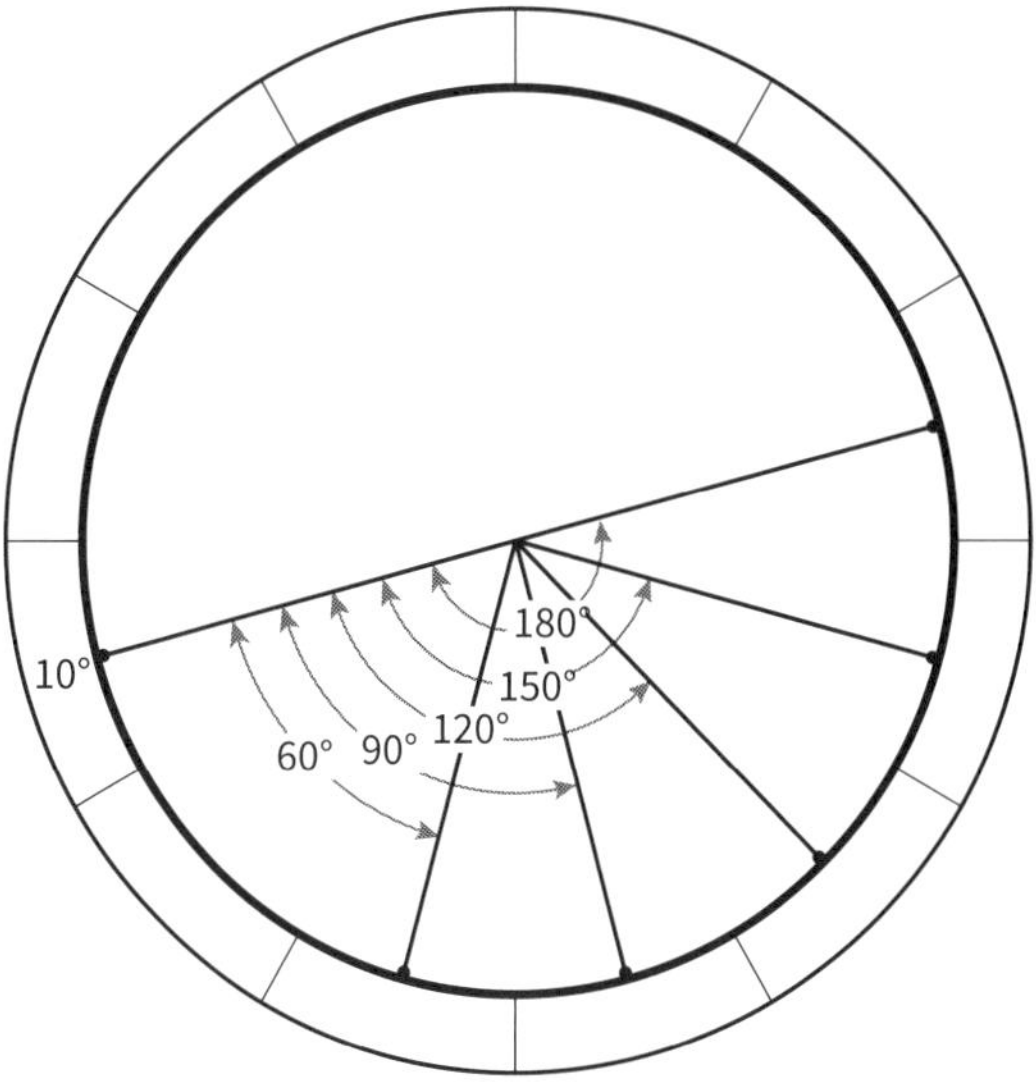

図表9 **主要アスペクト**

占星術上で意味のある、重要な角度（アスペクト）6種類。0度、60度、90度、120度、150度、180度が主なアスペクトとして採用されることが多い。

0度	コンジャンクション	星の融合
180度	オポジション	緊張
120度	トライン	調和
90度	スクエア	緊張、障害
60度	セクステル	弱い調和
150度	クインカンクス	葛藤

占星術は三つの要素に集約できる

説明がややこしくなってきてしまった。話を少し整理してみよう。

占星術では、実際の夜空を直接見上げて占っているのではないけれども、天体の位置を正確に写し取ったホロスコープという図表を用いて判断する。ホロスコープ作成の計算は、今ではコンピュータでおこなうのが一般的だ。

ホロスコープは、三つの要素から構成される。

一つは、12の星座（サイン）。これは実際の恒星からなる星座（コンステレーション）ではなく、春分点を基準に機械的に太陽の見かけの通り道を12のブロックに分けたものだ。

そしてその黄道に沿って動く、太陽、月、惑星たち。

さらに地平線と子午線を基準に、天球を12に分割した「ハウス」。

この組み合わせによって、ホロスコープという複雑なシンボルが読み解かれるようになるのである。

初めてのホロスコープの作成

初めて占星術の世界に触れた人がまず驚くのは、「星占い」というロマンティックな名前からは程遠いような細かな表との格闘だ。

今でこそパソコンで一瞬にして正確なホロスコープが作成できるようになったけれども、ほんの10年ほど前までは電卓とコンパス、定規を片手に一生懸命計算を繰り返していたものだ。

初めて僕がホロスコープを作ったのは小学校の6年生か、あるいは中学校に上がったばかりのころだったと思う。

日本の占星術界のパイオニアの一人、ルル・ラブア女史の『ホロスコープ入門』を手がかりにしてホロスコープを計算した。

手計算によるこの方法は慣れてしまえば簡単なのだが、初心者にはかなり面倒に思われるかもしれない。

まずは誕生日と出生時刻、場所のデータから生まれたときのアセンダント（東の地平線から上る星座）を出す。

次にハウス分割表から、12のハウスの位置を出していく。さらに、太陽、月、惑星の運行表から、詳細な惑星の位置を算出していくのである。

ここに天文暦を載せておくので、その細かさを味わってみてほしい（図表⑩）。

占星術家のもとを訪ねた客の多くは、その表の細かさを見ただけで、「奥が深いんですねえ」と驚く。この数学的な雰囲気も、占星術の魅力の一つだろう。

APRIL 2020

Day Jour	S.T.	LONGITUDE for 0 h ☉	☽	☿	♀	♂	♃	♄	♅	♆	♇
	h m s	° ′ ″	° ′ ″	° ′	° ′	° ′	° ′	° ′	° ′	° ′	° ′
W 1	12 39 15	11 ♈ 43 40	08 ♋ 32 37	15 ♓ 17.0	27 ♉ 30.8	00 ♒ 49.1	24 ♑ 23.8	00 ♒ 40.5	05 ♉ 09.8	19 ♓ 16.2	24 ♑ 50.4
Th 2	12 43 11	12 42 52	19 38 19	16 35.6	28 26.2	01 30.8	24 31.2	00 44.2	05 13.0	19 18.3	24 51.1
F 3	12 47 08	13 42 02	03 ♌ 09 53	17 56.0	29 21.1	02 12.5	24 38.4	00 47.8	05 16.3	19 20.4	24 51.8
Sa 4	12 51 04	14 41 09	17 09 47	19 18.2	00 ♊ 15.3	02 54.2	24 45.5	00 51.3	05 19.6	19 22.5	24 52.4
Su 5	12 55 01	15 40 14	01 ♍ 38 07	20 42.2	01 08.9	03 35.9	24 52.5	00 54.7	05 22.9	19 24.6	24 53.1
M 6	12 58 57	16 39 17	16 31 41	22 07.9	02 01.9	04 17.6	24 59.3	00 58.1	05 26.2	19 26.7	24 53.7
T 7	13 02 54	17 38 17	01 ♎ 43 35	23 35.3	02 54.1	04 59.3	25 05.9	01 01.3	05 29.5	19 28.8	24 54.2
W 8	13 06 51	18 37 15	17 03 47	25 04.3	03 45.7	05 41.0	25 12.4	01 04.5	05 32.8	19 30.8	24 54.8
Th 9	13 10 47	19 36 11	02 ♏ 20 41	26 34.9	04 36.5	06 22.7	25 18.8	01 07.6	05 36.1	19 32.9	24 55.3
F 10	13 14 44	20 35 05	17 23 13	28 07.1	05 26.6	07 04.4	25 25.0	01 10.6	05 39.5	19 34.9	24 55.7
Sa 11	13 18 40	21 33 57	02 ♐ 02 46	29 41.0	06 15.9	07 46.1	25 31.0	01 13.5	05 42.9	19 36.9	24 56.2
Su 12	13 22 37	22 32 48	16 14 18	01 ♈ 16.4	07 04.5	08 27.8	25 36.9	01 16.3	05 46.2	19 38.9	24 56.6
M 13	13 26 33	23 31 37	29 56 22	02 53.4	07 52.2	09 09.6	25 42.7	01 19.1	05 49.6	19 40.9	24 57.0
T 14	13 30 30	24 30 24	13 ♑ 10 21	04 32.0	08 39.0	09 51.2	25 48.2	01 21.7	05 53.0	19 42.8	24 57.4
W 15	13 34 26	25 29 10	25 59 39	06 12.2	09 24.9	10 32.9	25 53.7	01 24.3	05 56.4	19 44.8	24 57.7
Th 16	13 38 23	26 27 54	08 ♒ 28 39	07 53.9	10 10.0	11 14.6	25 58.9	01 26.7	05 59.8	19 46.7	24 58.0
F 17	13 42 20	27 26 36	20 42 05	09 37.3	10 54.0	11 56.3	26 04.0	01 29.1	06 03.2	19 48.6	24 58.3
Sa 18	13 46 16	28 25 16	02 ♓ 44 30	11 22.2	11 37.1	12 38.0	26 08.9	01 31.4	06 06.7	19 50.5	24 58.5
Su 19	13 50 13	29 23 54	14 39 58	13 08.8	12 19.2	13 19.6	26 13.6	01 33.6	06 10.1	19 52.4	24 58.7
M 20	13 54 09	00 ♉ 22 31	26 31 53	14 57.0	13 00.1	14 01.3	26 18.2	01 35.7	06 13.5	19 54.2	24 58.9
T 21	13 58 06	01 21 06	08 ♈ 23 01	16 46.8	13 40.0	14 42.9	26 22.6	01 37.7	06 17.0	19 56.0	24 59.1
W 22	14 02 02	02 19 39	20 15 27	18 38.2	14 18.7	15 24.5	26 26.9	01 39.6	06 20.4	19 57.8	24 59.2
Th 23	14 05 59	03 18 11	02 ♉ 10 54	20 31.3	14 56.2	16 06.1	26 30.9	01 41.4	06 23.9	19 59.6	24 59.3
F 24	14 09 55	04 16 40	14 10 43	22 26.0	15 32.5	16 47.6	26 34.8	01 43.1	06 27.3	20 01.4	24 59.4
Sa 25	14 13 52	05 15 08	26 16 20	24 22.3	16 07.5	17 29.2	26 38.5	01 44.7	06 30.8	20 03.1	24 59.4
Su 26	14 17 49	06 13 33	08 ♊ 29 22	26 20.2	16 41.1	18 10.7	26 42.0	01 46.2	06 34.2	20 04.9	24 R 59.4
M 27	14 21 45	07 11 57	20 51 48	28 19.7	17 13.3	18 52.2	26 45.4	01 47.7	06 37.7	20 06.6	24 59.4
T 28	14 25 42	08 10 19	03 ♋ 26 11	00 ♉ 20.8	17 44.1	19 33.7	26 48.6	01 49.0	06 41.1	20 08.2	24 59.3
W 29	14 29 38	09 08 39	16 15 26	02 23.3	18 13.4	20 15.1	26 51.6	01 50.2	06 44.6	20 09.9	24 59.3
Th 30	14 33 35	10 ♉ 06 56	29 ♋ 22 43	04 ♉ 27.3	18 ♊ 41.1	20 ♒ 56.6	26 ♑ 54.4	01 ♒ 51.4	06 ♉ 48.0	20 ♓ 11.5	24 ♑R59.1

Tag Dia	LONGITUDE for 0 h ⚷	⚳	⚴	⚵	⚶	⚸ Mean	⚸ Cor.	DECLINATION for 0 h ☉	☽	☿	♀	♂	♃	♄	
	° ′	° ′	° ′	° ′	° ′	° ′	° ′	° ′	° ′	° ′	° ′	° ′	° ′	° ′	°
W 1	05 ♈ 44	22 ♒ 41	24 ♑ 49	13 ♎R59	03 ♊ 57	07 ♈ 14	08 ♈ 17	04N38	23N37	07S47	23N06	20S55	21S18	20S04	12
F 3	05 51	23 22	25 17	13 30	04 42	07 27	09 12	05 24	21 56	06 52	23 39	20 39	21 16	20 02	12
Su 5	05 58	24 02	25 45	13 01	05 28	07 41	10 07	06 10	14 56	05 53	24 10	20 22	21 13	20 01	12
T 7	06 05	24 42	26 12	12 33	06 13	07 54	11 02	06 55	03 55	04 49	24 39	20 05	21 11	20 00	12
Th 9	06 12	25 21	26 37	12 05	07 00	08 07	11 56	07 40	08S13	03 40	25 06	19 46	21 09	19 59	12
Sa 11	06 19	26 00	27 02	11 37	07 46	08 21	12 49	08 24	18 07	02 26	25 31	19 28	21 07	19 57	13
M 13	06 26	26 39	27 25	11 10	08 33	08 34	13 41	09 08	23 17	01 08	25 54	19 08	21 05	19 56	13
W 15	06 33	27 17	27 48	10 44	09 20	08 48	14 32	09 51	23 00	00N14	26 15	18 48	21 03	19 55	13
F 17	06 39	27 55	28 10	10 18	10 07	09 01	15 22	10 34	18 13	01 40	26 34	18 28	21 02	19 55	13
Su 19	06 46	28 32	28 30	09 53	10 55	09 14	16 10	11 16	10 30	03 09	26 50	18 07	21 00	19 54	13
T 21	06 53	29 09	28 49	09 29	11 43	09 28	16 56	11 57	01 17	04 42	27 05	17 45	20 59	19 53	13
Th 23	06 59	29 45	29 07	09 06	12 31	09 41	17 41	12 37	08N10	06 18	27 17	17 23	20 58	19 52	13
Sa 25	07 06	00 ♓ 21	29 24	08 44	13 20	09 54	18 25	13 16	16 32	07 56	27 28	17 00	20 56	19 52	13
M 27	07 12	00 56	29 39	08 24	14 08	10 08	19 06	13 55	22 17	09 36	27 36	16 37	20 55	19 51	13

図表10 天文暦

著者が最初に手に入れた本格的な天文暦。移りゆく惑星の位置が細かく表示された時刻表のように見える。

アセンダントが容貌を映す

では、このホロスコープ、どんなふうに読むのであろうか。

その読み方は人によって違うし、その解釈の多様さも占星術の魅力の一つなのだが、初めてホロスコープを作成した人は、まず定石としてアセンダントを見ることが多い。

僕が手にした入門書も、真っ先にアセンダントを見るように、と書かれていた。そして、驚いたことに、アセンダントは、その人物の性格ばかりではなく、容貌までも示すというのだ。

後で知ったことだが、アセンダントに近い星座や惑星と容貌との関連は、ギリシア時代の占星術の古典『テトラビブロス』にもちゃんと書いてある。

僕の場合は、蟹座がアセンダントから上昇している。標準的な入門書には、このようにある。

丸くてふっくらとした顔だち。肉付きのよい短い手足。親しみやすい雰囲気で愛嬌があるが、感情の浮き沈みが激しい。

これには度肝を抜かれた。実によく当たっているではないか。

実は、これには裏話があって、初めてホロスコープを計算したときには、何かを間違えて、自分のアセンダントを射手座にしてしまっていた。

教科書には、「サラブレッドのような長身、長足、日焼けした健康そうな風貌」などとある。おかしい、これは違う。いや、まだ今は子供だからこんな感じだけれど、大人になったら、そんなかっこいい男になるのかと思っていたのだが、改めて計算し直してみて、アセンダントが「蟹座」になったのを見て、なんだかがっかりするのと同時に、「こりゃあ当たる」と思って驚いたことをよく覚えている。

それから、片っ端から生まれた時間のわかる友人や周囲の大人たちのアセンダントを調べてみたのだが、やはりよく当たっていることに驚いた。

もちろん、教科書通りにはいかないこともあり、特にアセンダントが「天秤座」は美男美女という説には納得できなかった。しかし、全体として見たときにはどうも当たる、という不思議な印象が頭に残った（図表⑪と⑫）。

星の配置と容貌が関係ある？　実に不思議である。ルックスは、基本的には親から受けついだ遺伝子が決定し、その後の環境が筋肉の発達などを促して育てていくもののはずだ。それは生まれながらにして決まっている。

もし、出生時刻が2時間ほどずれて、アセンダントが変わっていたら、どうなのか。

そんな疑問を抱えながらも、「やっぱりなんとなく当たる」という感覚を捨て切れずにいたのである。

アセンダントの星座が示す容貌

牡羊座 精悍《せいかん》な顔立ち。広い額、細いあご。筋肉質で敏捷

牡牛座 ふくよかな肉づき。特徴的な唇。肉感的な印象

双子座 細長い顔立ち。知的な印象。痩身できびきびした印象

蟹　座 丸顔。短い手足。親しみやすい印象

獅子座 大きく印象的で存在感のある目。丸い鼻。猫を思わせる顔

乙女座 細面で若々しい顔立ち。発達した額、きめの細かい肌

天秤座 腰が発達。魅力的なものごし。柔和な印象

蠍　座 肌が浅黒く、鷲鼻。彫りの深い顔

射手座 日焼けしたような健康的な印象。大らかで野性的な感じ

山羊座 若いうちはひ弱な印象だが次第に存在感が出てくる。痩せているが頑健そう

水瓶座 広い額。整った容貌。ときにアンドロイド的

魚　座 デリケートな印象。しばしばちぢれた髪。うるんだような瞳

図表11 **アセンダントと容貌**

今世紀初頭にイギリスで刊行されていた占星術の専門雑誌（編集長はアラン・レオ）に掲載されている、アセンダントの星座と実在の人物の容貌の関係を図示したもの。アセンダントが牡羊座の人はまさに牡羊に、双子座の人は猿に似るという！※

※　レオの占星人相術などについては拙著『占星綺想』（新装版・青土社 2007 年）参照。

	生まれた時刻	6	8	10	12	14	16	18	20	22	24	2	4
太陽の星座	♈	♉	♊	♋	♌	♍	♎	♏	♑	♐	♒	♓	♈
	♉	♊	♋	♌	♍	♎	♏	♑	♐	♒	♓	♈	♉
	♊	♋	♌	♍	♎	♏	♑	♐	♒	♓	♈	♉	♊
	♋	♌	♍	♎	♏	♑	♐	♒	♓	♈	♉	♊	♋
	♌	♍	♎	♏	♑	♐	♒	♓	♈	♉	♊	♋	♌
	♍	♎	♏	♑	♐	♒	♓	♈	♉	♊	♋	♌	♍
	♎	♏	♑	♐	♒	♓	♈	♉	♊	♋	♌	♍	♎
	♏	♑	♐	♒	♓	♈	♉	♊	♋	♌	♍	♎	♏
	♑	♐	♒	♓	♈	♉	♊	♋	♌	♍	♎	♏	♑
	♐	♒	♓	♈	♉	♊	♋	♌	♍	♎	♏	♑	♐
	♒	♓	♈	♉	♊	♋	♌	♍	♎	♏	♑	♐	♒
	♓	♈	♉	♊	♋	♌	♍	♎	♏	♑	♐	♒	♓

図表12 アセンダント表

概略のアセンダント算出表。まず縦軸からあなたの誕生星座の記号を探す。次に横軸からあなたの誕生時刻を探し、その交点にあなたのアセンダントが示される。例えば、獅子座生まれで午後８時過ぎ生まれならアセンダントは牡羊座。ただしこれはきわめてラフな表なのでアプリや入門書で正確に調べることをお勧めする。

星の言葉を読む辞書と文法

現在の占星術では、アセンダントがその人物の容貌を示すという説は、必ずしも全面的に受け入れられているわけではない。現在では、むしろその人物が被る仮面、社会的にその人物がとる行動のスタイルを示すと考えられている。

占いというのは、ギャンブルにも似ているところがあって、ビギナーズ・ラックが働くことが多い。

初めて占いを体験したときに、そのなかに何か強く心を惹かれるところがあると、以来、占いの世界の虜になってしまうことがあるのだ。

まだティーンエイジャーだった僕には、星の配置と人間の間に神秘的な関わりがあり、それが容貌にまで関わっているという占星術の世界は、衝撃的なまでの影響を及ぼした。

人間の運命は、星のなかに書き込まれている！　その星を読むことによって、運命を知ることもできる！


ホロスコープのなかに現れていないことは、人生のなかでは起こり得ない※。


どの本だったか、今では忘れてしまったけれど、幼いころに読んだ占星術の教科書には、そう書いてあった。

これはすごいことではないか。一瞬で相手を見抜く力。未来を見通す力。運命を支配する力。占星術は、それを与えてくれるのではないか。

そのような超能力は、子供にとっては、例えば、ウルトラマンに変身できる道具と同じくらいほしいものだった。

魔法や超能力に憧れない子供はいない。そして、占星術という道具は、それを可能にしてくれそうな気がしたのだ。

それからの数年間というもの、僕はお小遣いをはたいて、手に入れられるだけの占星術の本を買ってむさぼり読んだ。もちろん、子供のお小遣いだけでは買えないものもあったが、お年玉を貯金したり、あるいは親にねだったりして、なんだかんだというちに、当時、日本で出版されていた占星術関連書のほとんどすべてが、書棚に揃うことになった。

※　これはおそらく、当時の日本の占星術家による修辞的惹句だと思われるが、類似した記述は古い時代の伝統的占星術書にも見られる。17世紀フランスの占星術家ジャン＝バティスト・モランはたとえその後の星の配置（ソーラーリターン）が別なことを示したとしても「出生図が示したこと以外は効果をなさない」という。Jean-Baptiste Morin、trans by J.H.Holden *Astrologica Ballica Book 23 Revolutions* AFA　2002, 2003, Chap 7
また古典占星術に通じた現代の占星術家のなかにも同じような決定論、宿命論的な記述をするものもいる。極端なところではペトロス・エレテリアデス氏は「占星術のチャートは現実化しないはずの事項、あるいは現実にならない事項を示すことはできない。したがって人が別の決断をした場合の未来を示すことはない」と断言している。Petros Eleftheriadis *Horary Astrology* The Wessex Astrologer　2017

こうして占星術の知識が蓄積されてくると、占星術、アストロロジーというものは、まさしく「星の（アストロ）」「言葉（ロジー＝ロゴス）」であることがわかってきた。つまり、星の位置からそのメッセージを読み取るのが、占星術という営みなのである。

しかし、この「言葉」というのがクセモノであった。

それは、例えば、英語やドイツ語といった他の国の言語を学ぶのとは少し違う。星の言葉は、論理ではなくイメージの連想に沿って読み解かれていくからだ。

1足す1は2、とか、ごくストレートな計算式は、ホロスコープでは通用しない。何か曖昧《あいまい》で、けれど、いきいきとした、独特の意味の伝え方なのである。

星の言葉を「翻訳」する

本来は、ホロスコープ全体を眺めて、すらすらと星のイメージを日常の言語に移し換えることができれば、それが一番いいのだろうが、それはなかなかできることではない。そのためには、経験を相当積まねばならない。

では、どんなふうに勉強を始めればいいのだろうか。

ホロスコープは、前に述べたように、星座（サイン）、惑星（プラネット）、ハウスの三つの要素からなっている。

この三つの要素を、それぞれ英語の単語に置き換え、その組み合わせが一つのセンテンスになるように組み合わせてみるのだ。

このときに、惑星は主語（S）＋動詞（V）としての、根本的なセンテンスの核をなす。星座は、副詞ないし形容動詞だ。そしてハウスは、それが「どこで起こるか」を示す。

例えば、例題のホロスコープ、つまり僕自身のホロスコープで水星を解釈してみよう。

水星は知性の神マーキュリーであり、本人の知的能力やコミュニケーションのあり方を示すという。主語（S）＋動詞（V）に置き換えるなら、I communicate とか I study といったところだろう。

僕の水星は水瓶座に位置している。水瓶座は、一風変わった星座であり、客観性、オリジナリティを意味する。英語でいえば、originally とか objectively だろう。

そして、水星が入っている第8ハウス。ここは、現代占星術では「死とセックス、オカルト」を示す。そこで、ここは、in the field of occultism としてみよう。

出来上がるセンテンスは、I study objectively in the field of occultism. だ。

英語のセンテンスとしてはぎごちないけれども、直訳すれば、「私は、オカルト的な領域で、客観的に学習する」となる。

さらに、このセンテンスをキーワードとしてイメージを広げて「意訳」するのだ。カギはこのホロスコープの持ち主が、死とセックスに関わるような、秘められた世界にその関心を向けること。

ルル・ラブアの『占星学』では、第8ハウスの水星は「霊魂の再生や心理分析に関したこと、古い書籍や文献研究に興味を持ちやすく、科学的・哲学的探究を好む」とある。さらに、水瓶座の水星は、「貴重な学問への情熱と科学的推進力」とある。

学問への情熱といえるかどうかはわからないが、目に見えない世界のことや心理学、占星術などにどっぷりと浸かっているのはそのためなのだろうか。また、この世界に深く関わりながらも、いつもいつも、そのような世界に対して一歩距離を置き、妄信的なビリーバーにはならない（あるいはなれない）のは、水星が水瓶座という客観的な星座にあるためなのかもしれない。

さらにていねいに星の言葉を翻訳していこう。
例えば、こんな感じだ。

あなたには、目には見えない、普通の人からは少し変わったと思えるような領域へ自然と興味が向いていく性向があるようです（水星／水瓶座／第8ハウス）。

心理学、オカルト、あるいは心霊の世界などに興味があるのではありませんか。また、そのような魂の深みの世界への探求心は、あなたがよきカウンセラー、占い師、あるいは研究者としての才能を持っていることを示しています。しかも、それが世に認められる運命にあります（水星は天頂の月とよい角度）。

しかし、同時に気をつけなければならないのは、そのような研究や関心のために、あまりにも独善的になりやすいこと、また奇妙な世界にはまりこんで常識から逸脱してしまいがちなことかもしれません。

このような作業をすべての惑星について、一つひとつ丹念にやっていく。

そして、それらを総合して、その人の性格や運命を判断するのだ。

こうして、その人のイメージの全体像が浮かび上がる。

教科書を見ていると、すごく簡単にこれができそうな気がしてくる。しかしこれは、口でいうほどやさしいことではない。

例えば、同じハウスに正反対の意味を持つ惑星が入ることもあるし、そうなれば矛盾した結果がたくさん出てくる。断片的なイメージはでてきても、そこで一つのまとまった人物像が出てくることはめったにない。

つまり、占星術家によって、解釈が分かれてくる余地は大いにある。そこに、読み手の考え方や世界観が織り込まれていくのである※。

※　もう少していねいなホロスコープの読み方の手法としては、拙著『占星術の教科書』（原書房２０１８年）を参照。

未来予知は可能か

出生ホロスコープは、占星術の考え方でいえば、その人の人生の出来事すべてが1枚に集約的に書き込まれた地図ということになる。この地図のなかには、その人の性格や運命が、圧縮されて織り込まれている。

その星の言葉を読み解くことで、占星術家はその人物に対峙することになるわけだ。

しかし、実際の占いの場では出生ホロスコープだけでは十分ではない。

もし占いが「未来予測」をするものだとすれば、そのホロスコープに示された出来事が「いつ」起きるかを知らなければならないからだ。

出生ホロスコープは、いわば、可能性の塊。それが、いつどのように現れてくるかは、別の見方をしなければならない。

これを「予知《プレディクション》」の技術※1という。

占星術では、予知のためのテクニックは、実に多様に用意されている。その技法一つひとつをお伝えするには、あまりにも専門的になりすぎる。ここでは、そのなかで代表的なものを一つだけご紹介しよう。

これは、「トランジット」法※2というもの。トランジットとは、「経過」という意味だが、実際に運行している惑星をその人物の出生ホロスコープの上にそのまま重ね合わせて判断する方法だ（図表⑬）。

※1　本書初版ではプレディクションという言葉を用いていたが、自由意志を重視する現代の占星術家の多くは Forecast という言葉をより好む傾向がある。こちらは「天気予報」という言葉で示されるように具体的な予言ではなく、一般的な趨勢を予報するもので、それに応じて未来を道先案内してゆく Navigate するというニュアンスと結びつきやすい。

※2　トランジット法の基本については拙著『占星術の教科書II』および同III（近刊）（原書房２０１８年）を参照のこと。またこのジャンルの基本書として Robert Hand *Planets in Transit* Schiffer Pub Ltd; Expanded 2002

例えば、この原稿を書いている時点では、天王星が水瓶座の17度付近を運行中である。水瓶座17度といえば、僕自身の水星とほとんど重なっていることがわかる。

つまり、現在の天王星の影響が水星を刺激しているのである。これは、どんなふうに解釈されるのだろうか。

天王星は、突然の変化や革命を示すものだ。このホロスコープの水星は、先にも述べたように、神秘的な世界への憧れと、それに対する批判的な眼差しを意味

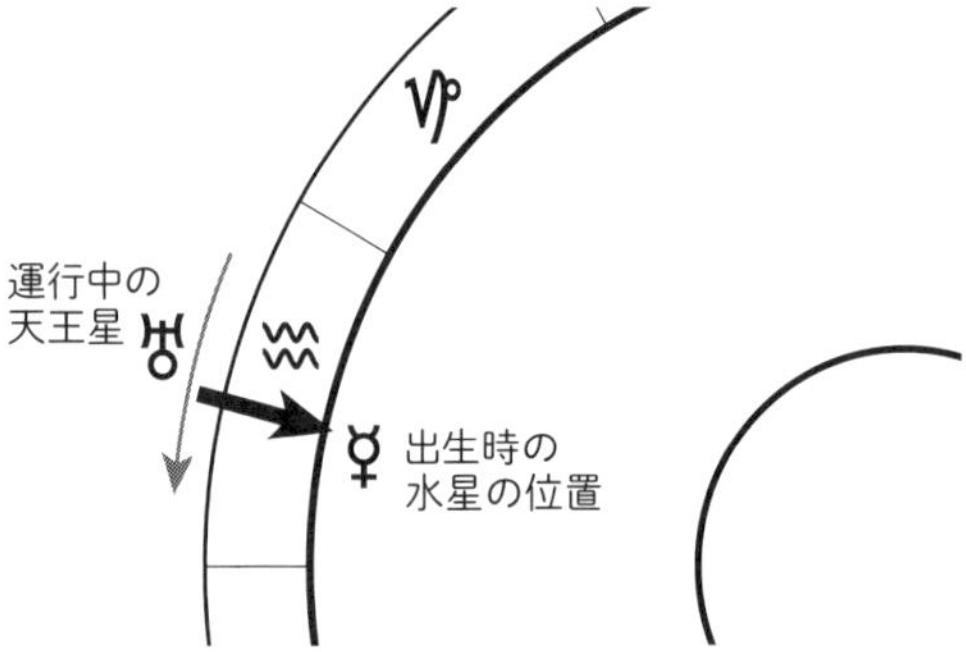

図表13 天王星の水星へのトランジット

水星の上を、天王星が通過していく。水星の持つ「知性」という資質を、天王星の持つ「改革」が刺激する。

するものだが、それを天王星が刺激することによって前面に押し出されてくる※。

占星術の教科書を見ると、「突然のひらめき」や「企画の誕生」などとある。その意味では、これまであまり表に出してこなかった、僕自身の占星術との関わりや占星術の世界観を思い切って書いてみるというこの企画は、水星―天王星のシンボリズムによって示されるものかもしれない。

トランジットで重要なのが惑星の運行速度。

月や金星や水星といった動きの速い星は、日々の細かなムードの変化を表す一方で、土星や天王星など動きの遅い星は、深く強い影響力をもたらすのである。

トランジットの占いは、実際にやってみると、驚くことが多い。

端的にいって、「よく当たる」。自分のチャートを振り返ってみると、土星という重要な星が自分の太陽の上を通過したときに、僕は完全に大学から離れてフリーになったのだった。僕の太陽は、高等教育を示す第9ハウスの上にあり、そこに土星という

「縮小」や「結論を出す」星がぴったりと乗っていた。このときの体験についてはまた後で詳しく述べよう。

占いの現場では、このトランジットが大活躍する。

占い師のもとをあなたが訪れたとする。

占星術の教科書では、まずは本来出生ホロスコープをじっくりと研究してから、トランジットを見よ、と書いているが、そんなふうにはいかないことが多い。

占い師は、まず太陽や月、アセンダントやＭＣ（天頂）といった重要なポイントに対して、動きの遅い大惑星がどのような位置関係にあるかをぱっと見る。そして、そのクライアントの状態を瞬時に判断するのだ。

例えば、結婚のハウスである第７ハウスに天王星が入り、その人の太陽と天王星が角度を作っていたら、そして、その人が結婚指輪をしていたら、占い師は、クライアントが何かをいう前にきっとこういうだろう。

「ご主人とはうまくいっていますか？」

なぜなら太陽は女性にとっては夫を示すことが多い惑星であり、また天王星は分離、突然の変化の星、それが結婚のハウスに入っているのだから、このような解釈がされるのだ。

もちろん、外れることも多いが、うまくすると「どうしてわかるんですか」と完全にそのクライアントは、占い師のペースに落ちていくだろう。

同様に、「何歳のころ、こんなことがありましたよね」というのも、トランジットを使う醍醐味《だいごみ》だ。

占星術を少しやっていれば、ここ数年の大惑星の動きは、天文暦など見なくてもアタマに入っているものだから、まるで「黙って座れば」的な占いができるようになるのである。

雑誌の占いページは

このようなトランジットの方法は、雑誌のための「星占い」を書くためにも使われている。

いわゆる誕生星座は、太陽のおおまかな位置（どの星座に入っているか）を示すということはさきに述べた。だから、例えば、西暦２０００年の運勢を見ようと思えば、２０００年の星の動きが自分の誕生星座に対して、どのような配置にあるかを見ればよい。

あなたが牡牛座の生まれだったとしよう。西暦２０００年の前半には、拡大と発展の惑星である木星と縮小を示す土星が両方とも牡牛座に入る。ごく大雑把にいえば、木星と土星があなたの太陽に、つぎつぎにコンジャンクション（０度の角度）を取っていくわけである。

幸運と不運、拡大と縮小でプラスマイナスゼロというわけではない。むしろ、牡牛座の人にとっては、人生のチャンスを広げていきたいという気持ちと、未来に対して慎重になる気持ちの二つが同時に襲いかかってくることになる。好機と障害が同時に訪れる。その葛藤は深いが、しかし、だからこそ、２０００年は牡牛座にとっては人生の重要なポイントになるといえるだろう。

例えば、適齢期の女性であれば結婚を申し込まれたものの、今後も仕事を続けていきたい、という気持ちがあるとか。

具体的にここから何を読み取っていくかは、占い手のセンスが大きくものをいうことになるのはいうまでもない。

相性診断のカギ

占いのニーズで最も多いのは、恋愛や相性に関するものだろう。

これをどのように判断するかというと、単純には二人のホロスコープを重ね合わせるのである。そして、それらの星がどのような角度を取り合うかを見る。

例えば、A子さんの太陽と同じ位置にB夫さんの金星があったとしよう。これはA子さんの意志の力や人生の基本的な価値観（太陽）が、B夫さんの人生の楽しみ方や恋のかたち（金星）とぴったり合っていることを暗示している。だから、これはとても相性がよいとされる。

特に男性のホロスコープのなかで金星は、その人物のなかの理想の女性像を表すとされるから、男女の関係であった場合には、B夫さんの好みの女性がまさにA子さんとなる、というわけである。

僕自身の例で考えてみよう。

例えば、僕と、この本（本書初版）の編集を担当してくださっているUさんとの関係。Uさんの木星が僕の太陽の上に重なっている。木星は、拡大と発展、寛大をキーワードとする星だが、木星の持つおおらかさが、太陽を大いに勇気づけ、前進させてくれるというかたちになっているわけだ。

相性を見る上で特に重視されるのは、太陽と月が同じ位置（もしくは180度の位置）にあるというパターンだ。

結婚しているカップルや親子間でも、太陽と月が同じ位置にあることはしばしば見られる。また男女のカップルでなくとも、このようなケースはある。

例えば、心理学者のユングとジークムント・フロイトの場合（図表⑭）。

ユングの月は、フロイトの太陽とぴったり重なっていたのだ。後に袂《たもと》を分かつことになるが、フロイトとユングは、最初は極めて親しい間柄として出発している。フロイトはユングを「わが皇太子」と呼び、一方、ユングはユングでフロイトを「私の人生で最も重要だった人物」と呼んでいるほどだ。フロイトとユングの蜜月は数年間続いた。

ほかにも、新しいテクニックで、「コンポジット」という方法も知られている。

コンポジットとは、2枚のホロスコープを1枚の図に合成してしまうという方法。お互いの太陽なら太陽、月なら月の

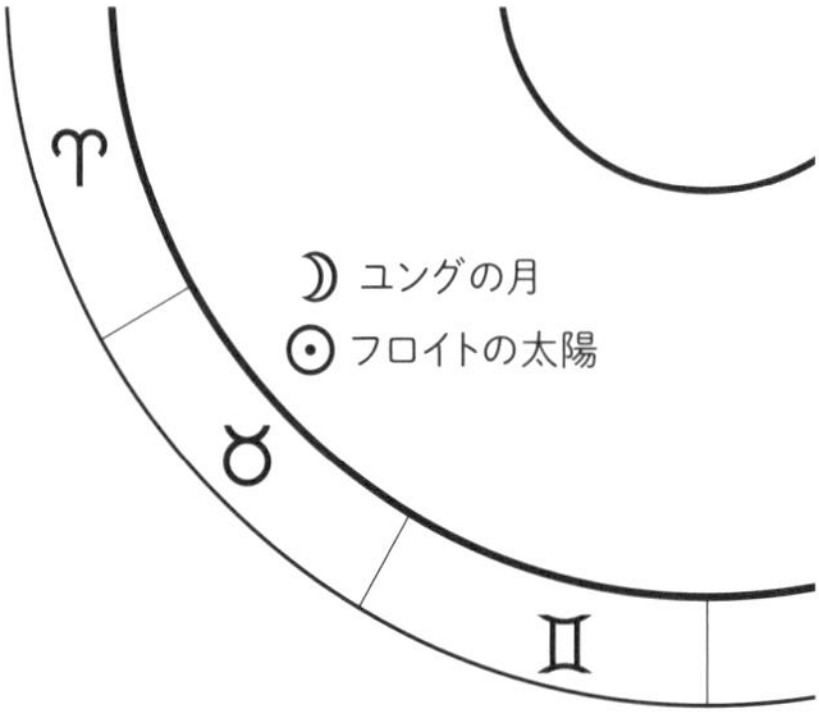

図表14 フロイトとユングの相性図

フロイトとユングのホロスコープを重ねると、フロイトの太陽のそばにユングの月があることがわかる。これは強力な結びつきを示す配置。

ちょうど真ん中のポイントを、「二人の関係」の星として図に書き込む。

A子さんの太陽が牡羊座の0度、B夫さんの太陽が双子座の0度だったとしたら、この二人のコンポジットの太陽はその中間地点ということで、牡牛座の0度となる。同様の作業を各惑星についておこない、全く新しいホロスコープを作り上げる。すると、この二人の関係性が浮かび上がってくる、というわけである。

先のフロイトとユングでは、コンポジットの火星と冥王星が180度。これは「激しい衝突」や「権力争い」の意味。事実、フロイトとユングは考え方の違いにより出会って数年で決別している。

占星世界地図

出生ホロスコープから、基本的な本人の性格や可能性がわかった。また未来の展望も相性の問題もクリアできた。

あと、必要なものは何だろうか。「いつ」「だれと」がわかれば、あとは「どこで」である。

従来の占星術では、この「どこで」という問いに答えるのが難しかったが、最近では「占星世界地図」という技法を使って、この問題を解決している。

これは、コンピュータ計算によってホロスコープを世界地図の上に投影するという方法。アメリカ人占星術家ジム・ルイスによって考案されたテクニックだ。

図を見ていただくほうが早い（図表⑮）。

これは「鉄の女」マーガレット・サッチャー元英国首相のホロスコープを世界地図の上に投影したもの。地図の上に何本ものラインが通過しているが、それぞれのラインは、各惑星が地上のどの領域で影響力を発揮しやすいかを示したものだ。サッチャーの場合、火星（戦争の星）がフォークランド諸島の上を通過していることが見て取れる。フォークランド紛争に際してサッチャーが断固たる姿勢を示したことはみなさんもご記憶のことだと思う。

ちなみに、錬金術では惑星はそれぞれ決まった金属を支配するとされていたが、火星は鉄を支配しているとされているのは、興味深い偶然だ。

このような例には事欠かない。

J・F・ケネディ大統領のマップでは、死の星・冥王星がテキサス州ダラスを通過している。ケネディが凶弾に倒れたのはダラスにおいてであった。

また黒人解放の父、マーティン・ルーサー・キング牧師が暗殺されたテネシー州メンフィスも、キング牧師にとっては冥王星が通過している。一方、牧師がノーベル賞を受け取ったストックホルムは、栄誉の惑星である木星が通っていたのだった。

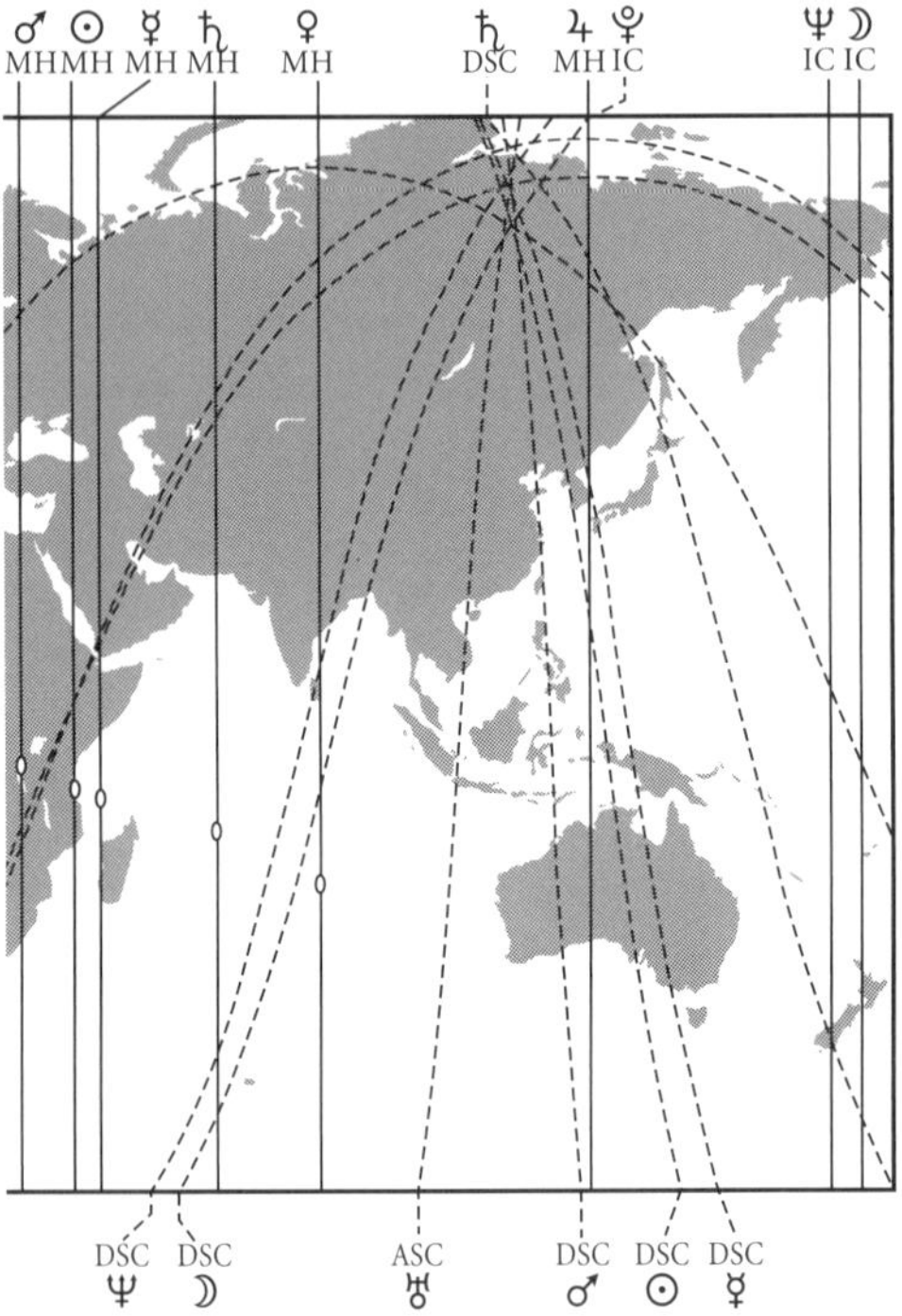

図表15　サッチャー前首相のアストロマップ

サッチャーの出生時のホロスコープを世界地図に投影したもの。戦いの惑星、火星が見事にフォークランドを通過している（M.Harding & C.Harvey *Working with Astrology* Consider、1990年）。

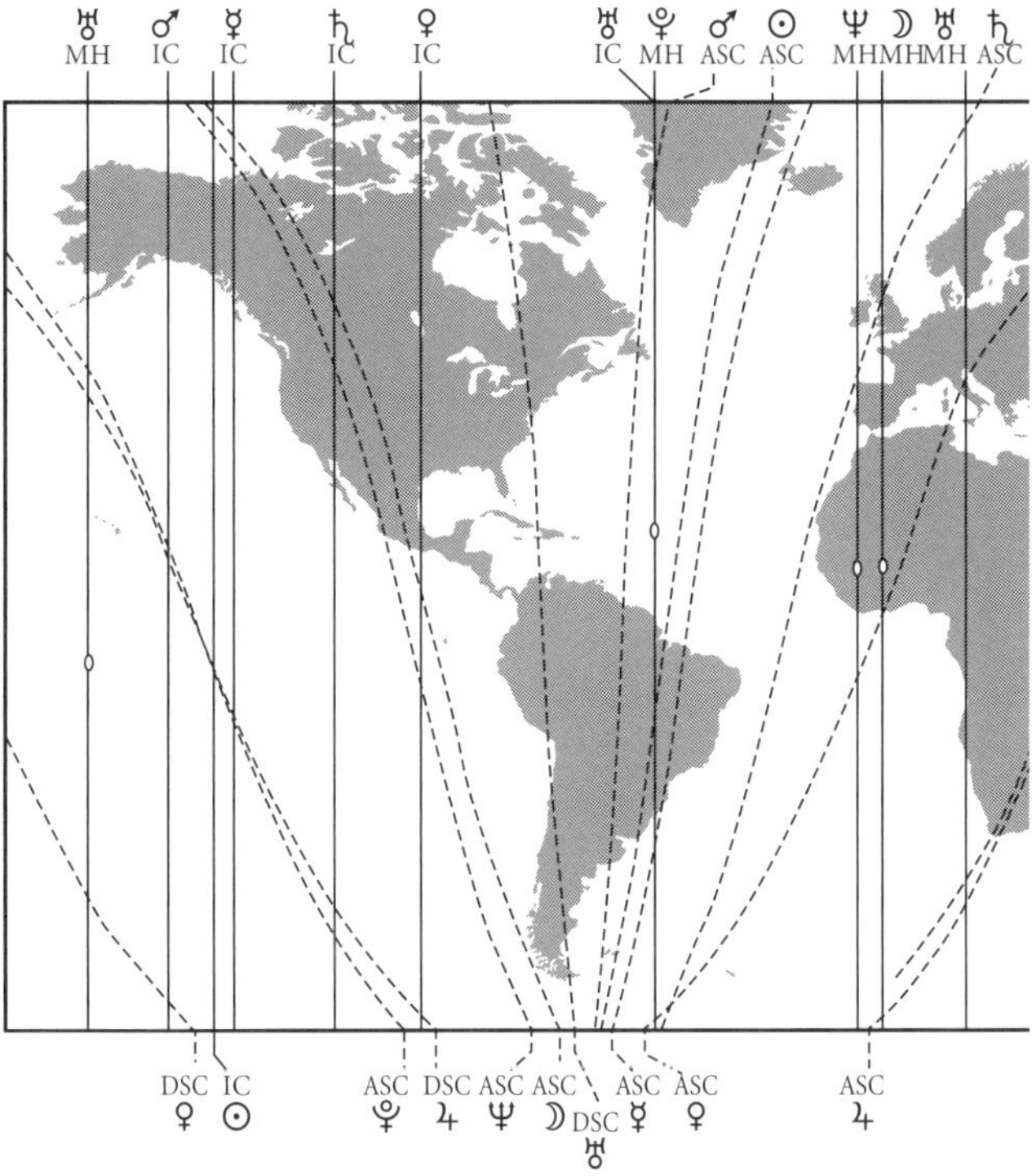
♅ MH
♂ IC
☿ IC
♄ IC
♀ IC
♅ IC
♇ MH
♂ ASC
☉ ASC
♆ MH
☽ MH
♅ MH
♄ ASC
DSC ♀
IC ☉
ASC ♇
DSC ♃
ASC ♆
ASC ☽
DSC ♅
ASC ☿
ASC ♀
ASC ♃

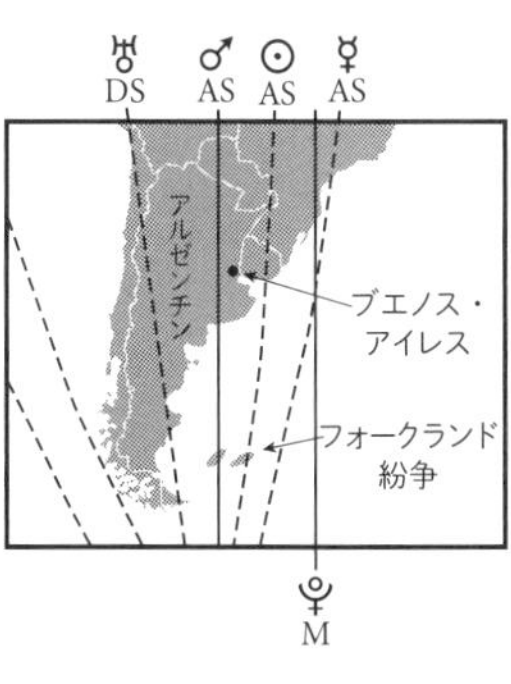
♅ DS
♂ AS
☉ AS
☿ AS
アルゼンチン
ブエノス・アイレス
フォークランド紛争
♇ M

さらに、個人以外のチャートでもこの地図は有効だ。

1945年、ロバート・オッペンハイマー博士が最初の原爆実験に成功した瞬間のマップでは、広島、長崎を冥王星（英語名「プルトー」、死の王の星でありプルトニウムを支配する）が、さらにチェルノブイリ、スリーマイル島を天王星（英語名「ウラヌス」、ウラニウムを支配する）が通過していたことを、占星世界地図の考案者であるジム・ルイスは指摘している。偶然というには、できすぎた符合ではないか。

占星世界地図の原理は、しかし、単純である。すでに述べたように、ある瞬間には惑星の黄道上での配置は地球上どこから見ても同じ。ただ、場所によってその惑星の見える高さが異なる。そこで、それぞれの惑星が東の地平線、西の地平線、天頂、天底に見える地域をラインで示したのが、この占星世界地図なのだ。

現在では多くの占星術ソフトにマップを作成する機能がつけられている。

日食帯と歴史上の人物

さらに、もっと壮大な天の符合もある。

経済学者のカール・マルクスは日食の日に生まれている。このときの日食帯（実際に日食が見られた場所）を世界地図の上に投影すると、どうなるか。それは、かつてのソ連の領土を見事にカバーしているのだ※。

マルクスがソ連を作ったわけではない。しかし、彼の理念、思想があの実験国家を作り上げたということを考えれば、マルクスの死後に至っても、天の兆しは働いてい

※　1818年5月5日日食帯をNASAのサイトで確認したところ、帯はアフリカにも延びているが、旧ソ連をほぼカバーしていることがわかる〈https://eclipse.gsfc.nasa.gov/SEsearch/SEsearchmap.php?Ecl=18180505〉（2020年2月9日アクセス）。

ることがわかるわけである。

記憶に新しいところでは、1999年8月11日の日食。日食の直後に、トルコ、ギリシアで大地震が起こったが、これらは日食帯の下であった。結果論ではあるけれども、天と地の神秘的なつながりを感じてしまうのである。

最後に、僕個人の例も出しておこう。

毎年、僕はイギリスに出かけ、英国の占星術や魔術、心理学などに触れているのだけれども、僕の占星世界地図を見ると、イギリスの真上には、海王星が通過している。

海王星は、僕の太陽星座（魚座）の支配星であり、かつ、夢や魔法や無意識世界を暗示する星である。そう、イギリスは僕にとっての「魔法の地」であることを、占星術マップは示しているわけだ。

本書は占星術の教科書ではない。ここに述べたのは、ごく最低限の占星術の知識だ。

しかし、一番重要なことは、ホロスコープを、占星術家がどんなふうにして解釈しているか、というそのベーシックなところを理解しておいてほしいということだ。

占星術の基本は、惑星や星座のシンボリズムを、想像力を使って解釈していくということ。もちろん、直感力もここでは重要な働きを示すが、それは、水晶玉を見つめて、「こんなん出ました」というものではない。あくまでも、基本は、星のシンボリズムを現実の状況と照らし合わせつつ、解釈していく、ということにある。

そして、この解釈を通じて星のシンボリズムが不思議なほどに、現実世界とシンクロを見せていくのである。

占星術の基本要素のキーワード

なお、これらのシンボリズムをさらに心理学的に深めた解釈は、第３章を参照すること。

12星座

♈牡羊座　火星が支配。断固として
♉牡牛座　金星が支配。独占的に
♊双子座　水星が支配。知的に
♋蟹　座　月が支配。感受性豊かに、保護するように
♌獅子座　太陽が支配。創造的に、豊かに
♍乙女座　水星が支配。批判的に
♎天秤座　金星が支配。調和的に
♏蠍　座　冥王星および火星が支配。秘密裏に
♐射手座　木星が支配。広く、自由に
♑山羊座　土星が支配。忍耐強く
♒水瓶座　天王星および土星が支配。客観的に
♓魚　座　海王星および木星が支配。夢想的に

10惑星

☉ **太陽** アイデンティティ、生命力

☽ **月** 情緒、変化、本能

☿ **水星** コミュニケーションのありよう

♀ **金星** 人生を喜ぶ能力、愛する能力

♂ **火星** 戦う力、行動する力

♃ **木星** 拡大と発展、幸運

♄ **土星** 縮小と制限、冷え込み、試練

♅ **天王星** 突然の変化、状況を打ち破る力

♆ **海王星** 夢想と無意識、無意識を開く力

♇ **冥王星** 死と再生を引き起こす力

12ハウス

第1ハウス　本人の世間に向ける顔
第2ハウス　所有、金銭
第3ハウス　初等教育、兄弟姉妹
第4ハウス　家庭、晩年
第5ハウス　恋、子供、創造性（伝統占星術ではセックス）
第6ハウス　健康と労働
第7ハウス　結婚と対人関係
第8ハウス　死、遺産（伝統占星術ではセックス）
第9ハウス　旅と高等教育
第10ハウス　天職、人生の目標
第11ハウス　友人、グループ
第12ハウス　秘密、敵、無意識

第2章

占星術を科学する

アンチ占星術（！）の授業

第1章で、占星術というものがどんな体系を持っているのか、だいたい理解していただけたことと思う。

「ずいぶんと複雑なシステムなのだなぁ」と感じた方もいるだろうし、逆に、「何だ、簡単じゃないか。これなら2～3か月もあればマスターできそうだ」と思われた方がいるかもしれない。

いずれにしても、占星術がどんな手続きをとって、「占って」いるのか、その大枠はつかんでいただけたことと思う。

問題は、その解釈が本当に「当たるのか」ということだ。

もちろん、僕自身の経験では、先に挙げたアセンダントと容貌の間の関係など、結構「当たるなぁ」と感じたことも多い。

しかし、それは、あくまでも主観的で全く個人的なものにすぎないから、あまり説得力があるとはいえない。あくまでも「当たるような気がする」ということだけなのだから。

何か、もっと確かな証拠はないのだろうか。

誰もが納得するような、占星術が「当たる」という証拠は。それも科学的な証拠！ それを得るためには、統計的な研究をすればよい。占星術がちゃんと当たるか、統計を取って実験してみればよいのだ。

しかし、この「科学的研究」は思いのほか、難しい。

一つには、占星術家の多くが、科学的な訓練をちゃんと積んでいないということに問題がある。「占いは数千年の統計学」なんて平気で書いている占いの専門家たちがたくさんいるけれども、これはウソである。数学的な処理や手続きがちゃんとできるようになったのは、ごく最近のことなのだから。

さらにもう一つには、科学者のなかに「占星術恐怖症《アストロフォビア》」とでもいえるようなものが根強くあって、わざわざ占星術を研究しようとする科学者が少ないということもある。

例えば、僕自身、こんな経験をしている。

高校時代、地学の先生がまるまる授業2コマ分を使って、アンチ占星術の授業を展開したのだ。

先生としては当時ブームになっていたノストラダムスの予言に振り回される少年たちに警鐘を鳴らす目的もあったのだろう。それに、クラスにいた占いオタク、すなわち僕のことを心配してのこともあったはずだ。

その先生は、教育者としても熱意に溢《あふ》れたいい人だったことを覚えている。サイエンティストとしても真面目《まじめ》な人で、「関西には地震がない」という俗説が広く信じられていたころから、「神戸や京都には活断層が走っている。大地震が起こる可能性がないなどとはいえない」と、ちゃんと生徒たちに注意を促していらした。阪神・淡路大震災が起こるずっと前の話である。

もちろん、それは「予言」ではなく、あくまでも断層があるという知識を伝えるものであった。それくらい優れた教師であり、科学者であった。

けれど、こと占星術批判となると、その授業全体を通して感じられた、どこかヒステリックなムードを、僕は忘れることはできない。

先生の占星術批判の授業は、あくまでも善意に基づくものであった。後のオウム事件などを考えても、無批判にオカルト的なものに走ることの危険性を早くから訴えておられたという意味では、本当によい先生に出会ったものだと思う。しかし、それでも、占星術に対する感情的な何かがあったということは否定できない。

いや、ヒステリックになっていたのは、僕も同じである。

大好きだった占星術を頭ごなしに否定されたと感じた僕は全く激高してしまい、手を上げて反論しようとした。当時の僕は、この章でご紹介するような海外における占星術に対する科学的・統計的な研究の存在も知っていた。果たして先生はそのような「証拠」を知っているのだろうか、と感じたのだ。そこをついてやろうではないか。

「先生、イギリスやアメリカには占星学の学会もあります。統計的研究もあるんです」

「占星学などというものはありません。占星術だけがあるのです。占星術は学問でも宗教でもありません」

「でも……」

「もっと勉強してから話し合いましょうね」

結局、権威によって議論をふさがれたかたちになってしまったわけだ。

結果として、この先生に対して対抗意識をメラメラと燃やしてしまった僕は、あれから必死で「勉強」して、占星術の専門家になってしまった。何だか、教師不孝をしてしまったような気もするけれど。

ただ、今にして思えば、このようなやりとりは、決して例外的なものではない。科学者が占星術を否定するときの、一つの典型的な態度……占星術恐怖症《アストロフォビア》が現れているのである。

二つの署名運動

1975年にアメリカの一流誌『ヒューマニスト』が掲載した反占星術声明がある。これは、広がる星占いコラム、占星術信仰に対して、科学者たちが警鐘を鳴らすために出されたものだ。

「18人のノーベル賞受賞者を含む、186人の一流の科学者」によって署名されたこの声明は、占星術にとって実に手厳しいものであった。

声明は、このように始まる。

世界中で占星術を受けいれる傾向が強まったことについて、さまざまの分野の科学者が関心をもつようになった。われわれ署名者——天文学者、天体物理学者、他の分野の科学者――は、占星家によりこっそりとそして公然と支えられている予言と忠告とを、無条件で受けいれることに対して、大衆に注意をうながしたい。占星術を信じたい人びとは、その教義を支持する科学的根拠のないことを認めるべきである（H・J・アイゼンク／D・K・B・ナイアス共著、岩脇三良／浅川潔司訳『占星術――科学か迷信か』誠信書房1986年）

翌年、占星術家たちは、この権威主義的な調子に皮肉たっぷりなかたちで切り返している。

占星術雑誌『アクエリアン・エイジェント』に、「学位を持つ187人の」署名入りで、反・反占星術声明を発表したのである。

ノーベル賞受賞者こそいないものの、数の上では一人勝っている知識人が占星術を擁護しているのである！

『ヒューマニスト』における声明に反対したのは、何も占星術家だけではない。科学啓蒙家として知られるカール・セーガンも、この署名を拒否した。セーガン自身が、占星術信奉者であったわけではない。

ただ、セーガンは、この声明に含まれる、権威主義的なトーンを鋭く嗅ぎ取っていたのだ。

セーガンは、こういう。

私は「占星術反論」声明を承認することができない――占星術には何らかの妥当性があると思うからではなく、声明の語調が権威主義的だと思ったし、いまもそう思っているからである。

要は、この声明にサインをした多くの科学者たちが、占星術に対するきちんとした反証を挙げるための手続きを取っていなかったことが問題なのだ。

この署名に加わった科学者のうち、果たして何人が占星術を真剣に研究してみただろう。初めからそんなものは当たらない、研究するにも値しない、と決めつけていたのではないだろうか。彼らはいわば頭ごなしに否定しているにすぎなかったのだ。

実際、彼らは「占星術に対する科学的な根拠は何一つない」というけれども、この声明が発表される何年も前に、本章で紹介するような、占星術を支持する統計研究の結果も出ているのである。

この声明に賛同した科学者たちの態度は、全く科学的とはいえない、とセーガンはいう。

ここでアイザック・ニュートンとエドモンド・ハレー（ハレー彗星の発見者）の間の伝説的な対話が思い出される。

ニュートンは、占星術に並々ならぬ関心を抱いていたのだが、ハレーはそれを認めない。

そのハレーに、ニュートンはこういってたしなめたのだ。

「ハレーさん、私は占星術を学びましたが、あなたは学んでいない！」

この逸話は事実ではないが、占星術を巡る論争の一つの典型を示していて、面白い。

まとめられた科学的研究

１９７５年のこの反占星術声明は、ちょうど僕の高校の教師の占星術否定が、かえって僕自身の占星術熱に油を注いでしまったのと同じように、占星術家による科学的研究を促した。

いや、むしろこんなふうにいったほうがいいだろう。

占星術に対する科学的、計量的研究は、すでに長い間おこなわれていたのだが、これまではまとまったかたちで検討されることも発表されることもなかった。

そこで75年の反占星術声明を受けて、20世紀に入ってからの占星術に対する科学的な研究の足跡を一つにまとめて紹介しようという気運が高まったのである。

77年に出版された、『出生占星術における最近の発達（*Recent Advances in Natal*

Astrology)』は、その大きな成果である。600ページに及ぶこの本は占星術の科学的研究論文集で、なかには細かい数表やグラフがびっしりとつめこまれている。編集は、ジェフリー・ディーン、統計と占星術の専門家。本の作りも一見すれば、物理学の専門書かと見まがうほどである。

さらに『コレレーション（Correlation）』という占星術に対する統計的研究の専門誌も創刊されるに及んで、占星術のなかでの科学的アプローチの足場は固まった。

このような研究は、はたして占星術が正しいことを告げているのだろうか。

太陽・月と生命

星が人間や地球の出来事に対して何らかの影響を与えている、ということに占星術が基づいているのだとしたら、間違いなく占星術は「事実」、まぎれもない事実である。

例えば、人間の体温、新陳代謝のリズムは、1日のリズム、太陽の光のリズムによって支配されている。

時差ボケというのは、この太陽によって調節されているリズムが狂うことによって起こるわけである。人間の活動は太陽によって大きく左右されているわけだ。

一方、ここに、興味深い実験がある。昼と夜の交替がない、真っ暗な洞窟《どうくつ》のなかで何週間か暮らしていくとどうなるか。

最初のうちは24時間のサイクルが保たれているが、やがて1日が25時間のサイクルになっていくのだという。なぜ24時間ではなくて25時間なのだろうか。

その答えはまだ出ていないが、興味深いのは、この25時間というサイクルが月の公転サイクルに合致しているということだ。太陽は約24時間で、地平線から出て沈み、また同じ位置に戻ってくるけれど、月はその周期に25時間かかる。

ひょっとしたら、人間の生理的反応は月のリズムに対応しているのではないか。占星術では、月は人間の本能や動物としての生命活動のリズムと対応しているといわれているけれども、これは偶然の一致なのだろうか。あるいは占星術の持つ経験的知識は、ヒトの深い生命リズムが月とシンクロしていることを見抜いていたのであろうか。

また、釣りやサーフィンに親しんでいる人には無関心ではいられない潮の満ち干。いうまでもなくこれは月が支配している。潮位の予報は月の満ち欠けと密接な関係にあるわけだから、まさしく占星術的な予報だともいえるだろう。

狼男は実在する⁉

しかし、こうしたものは、「占星術」とはいえない、という声が聞こえてきそうだ。こんなものは当たり前の、自然環境と生命との関係であって、ちっとも神秘的ではない、と。

そこでもう少し、天体と宇宙のリズムの間の驚くべき相関関係の例を挙げてみよう。有名なところでは、月と生命の活動との相関関係がある。

あなたも、「満月の日には殺人事件が多い」などという話を聞いたことがあるのではないだろうか。

月が動物や人間の精神活動に大きな影響を与えるというのは、古い時代から信じられてきたことである。英語で狂気のことを「ルナシィ」というが、これはまさしく月

（ルナ）から来た言葉である。

かつては、「ルナシィ条例」というものがヨーロッパにはあったそうで、満月の夜に起きた事件については、月の影響もあるからと、少しばかり刑罰が軽減されたというのだ。それほど月の影響ははっきりしていると信じられてきた。

また人間が生まれるときは満潮のとき、人間が息を引き取るのは干潮のときだともいう。

こうした俗説に対して遅ればせながら、ようやく科学的な研究がおこなわれるようになってきた※。なかでもカリフォルニアのアーノルド・リーバー博士の研究は大きな評判を巻き起こした。

リーバー博士は、１９５６年から１９７０年までの、アメリカのフロリダ州デイド郡における殺人事件の発生件数を調べた。その結果、殺人事件は新月と満月のころにピークに達することがわかったのだ。つまり、この統計は満月あるいは新月のときに、人が異常な興奮状態になりやすいことを示しているように思われるというのだ。

もし、このことが事実なら、ずっと伝えられてきた、「狼男伝説」には一抹《いちまつ》の真実があったことになるだろう。

つまり、満月の光は異常に人を興奮させることになるのだ。それによって、人の暴力が引き起こされるとしたら……。

リーバー博士は、この傾向は「バイオタイド」理論によって説明できるという。

ご存知のように、潮の干満は月の引力が引き起こしている。そして、人間の体も70パーセント以上は水分でできている。

海の潮に干満を引き起こす月が、人間の体にも干満を引き起こさないはずはない。とすれば、その生体の「満ち干」が人間の感情に何らかの影響を及ぼすとは考えられな

※ アーノルド・L・リーバー著、藤原正彦ほか訳『月の魔力』（増補版・東京書籍1996年）参照。

いだろうか。

リーバー博士の仮説では、この生体の内側の満ち干が、体液中のイオンのバランスを崩し、それが健康や生命に変調を起こすとされている。これが、生体潮汐、すなわちバイオタイドだ。

この仮説は、必ずしもすべての科学者に認められているわけではない。

現在では、これはほぼ否定されている。

日本でも交通事故の頻度と月のかたち（位相）の相関関係を統計で示した研究がある。それによれば、交通事故は下弦の月のときに多くなる傾向があるという。

ただ、もちろん、このような結果はリーバー博士の場合と同じで、懐疑主義者を納得させるものではない。おそらく、多くの反論も出てくるだろう。

月の神秘は科学のなかには入らない。

ただ僕も、産院に勤める方から「満月の日は忙しい」と聞いたことがある。

月と人間にはやはり不思議なつながりがあるのかもしれないという思いは拭い切れない。

では、天のもう一方の雄、太陽の場合にはどうであろうか。

最近では「季節性鬱病」も話題になっている。

鬱病とは、やる気が出なくなって、外に出たり、社会的な活動ができなくなってしまう一種の心の病である。

鬱病には、さまざまなタイプがあるが、季節性の鬱病とは、特定の季節に症状が悪化するというもの。特に冬場につらい時期がやってくる人が多い。この病気には、どうも太陽の光が重要なファクターになっていることがわかってきた。日照時間の短い冬の間に出てくる症状であるということから、患者に太陽光を模した強い光を照射してみたところ、症状が軽減するというのである。

15世紀イタリアの占星術家にして医者でもあったマルシリオ・フィチーノは、今では鬱病だと診断されるような、「メランコリーの病（憂鬱質の病）」に対しては、太陽の光を浴びることが効果的である、ということを書いている。これもまた、占星術の知識が現代の心身医学を先取りしていた例だといえようか。

太陽は、個人にばかり影響を与えるわけではない。もっとマクロなレベルでも人類の精神に深い影響を与えているようなのだ。

例えば、太陽の活動と人類の精神の緊張の間に深いつながりがある、という研究がある。

つまり太陽がその活動を活発にすると、なぜか人類のテンションが上がり、結果として戦争が起こったり、逆に偉大な創造がおこなわれたりするというのである。

太陽黒点の数と人類史

太陽は、まばゆく輝くばかりかと思いきや、よく観察するとそうでもないことがわかる。

古代から中国などでは知られていたことだが、太陽の表面にはまるでホクロのように黒いスポットがいくつか見られる。これを「黒点」という。

黒点は太陽の温度が低くなっている部分である。太陽黒点の数は、約11年周期で増減を繰り返す。そのメカニズムは完全に解明されてはいないようだが、太陽黒点が増えるときには太陽の活動が活発になるのだという。太陽黒点の活動が高まるときには、太陽から電気を帯びた粒子がまるで嵐のように放出され、地球に降り注ぐ。人類の活動は、このときに何らかの影響を受けると考える人々がいるのだ。

この分野の先駆者は、ロシアの歴史学者にして生物学者A・L・チゼフスキという人物。彼は、太陽黒点がピークに達したときに、人類の間の緊張が高まると主張した。過去の例を調べると、1776年のアメリカ独立や、1789年のフランス革命はもちろん、1929年の「大恐慌」などは、太陽黒点の活動の極大時の直後に起こっている。第二次世界大戦も、この太陽黒点のサイクルとぴったり一致していることがわかる。

その後の1954年から57年のピークのときは、第二次中東戦争とまさしく一致するのだ。

太陽は、本当に地上の出来事に神秘的な影響を与えているのであろうか。

電波障害は惑星の配列と関係がある

少なくとも、太陽の活動が地磁気に影響を及ぼすということは明らかだ。これは、ラジオ放送や宇宙との電波によるコミュニケーションを計る技術者には、よく知られたことだ。

短波放送は、極めて広い範囲で放送ができることが最大の特徴だ。これは、短波が地球を取り囲む電離層で「跳ね返る」からだ。もしそうでなければ、電波は宇宙のかなたに飛んでいってしまって、地平線を越えた場所に放送を届けることはできない。

短波放送は電離層の状態によって大きく影響を受ける。電離層の状態がよくないと、この「跳ね返り」がうまくいかず、ときには放送や通信が不可能になってしまうことすらある。そう、この電離層の攪乱《かくらん》は、太陽の活動状態によって大きく左右されるのである。

アメリカラジオ協会（ＲＣＡ）に勤めていた電波技師ジョン・ネルソンは、この電波障害が惑星の配列と関係があるという研究を発表している。１９４６年から68年までネルソンは調査を続けたが、それによると、著しい電波障害が起こるときには、太陽系の惑星が、太陽を中心に１８０度や90度の角度を作っていることを見出した。90度や１８０度！

これは第1章で説明したように、伝統的な占星術では緊張の強い角度だとされているものである。ネルソンの研究は、伝統的占星術の説を認めるものなのだろうか。

ネルソンの説についても、疑り深い研究者は疑念を差し挟んでいるけれども、他の科学者にも研究の末、ネルソンと同じ結論に達するようになった者もいる。それも一部の変わり者の科学者ではなくて、ＮＡＳＡやアメリカ空軍といった、現代を代表するような一流の技術者たちだ。

かれら宇宙技術の専門家たちは、特に太陽からの放射線や帯電粒子の活動には神経質にならざるを得なかった。その乱れは、人工衛星とのコミュニケーションに深刻な影響を与えることになるからだ。

科学者J・B・ブリザードは、太陽からの放射線を増大させることになる、太陽黒点の活発化が、太陽を中心として二つの惑星が90度の角度を取るときに起こることを見出した。それも、質量の大きい土星や木星だけではなく、すべての惑星が影響を与えるということがわかったのだ。

惑星の動きがまず太陽の活動に影響を及ぼし、今度は太陽の活動、つまり太陽から放射される帯電粒子や放射線などが地球の状態、例えば、地磁気に影響を及ぼし、ひいてはそれが人間に影響を与える、という連鎖反応を引き起こす……こんな壮大な宇宙と人間の関係モデルを考えることもできそうだ。

イギリスはプリマス大学の科学者で、特に磁気天文学のジャンルでは世界的権威と目されるパーシー・シーモア博士は、このような惑星—太陽—磁気のつながりが人間に影響を与える可能性を認めている。

動物や人間には、微弱ながら磁気を感じるセンサーがあることがわかってきている。神経系の活動もやはり電気的な活動である以上、地磁気の変化が人間の精神に影響を及ぼすことも否定はできない、というのである。

「占星術恐怖症《アストロフォビア》」が蔓延《まんえん》する天文学の世界でシーモア博士が占星術の妥当性を認めていることはとても心強い。

風が吹けば桶屋が儲《もう》かる。何もこの宇宙のなかで孤立しているものはない。このような「宇宙生物学」とも呼ぶべきジャンルも成立を期待してもよいのだろうか？

競争馬の多くは牡羊座？

星と人間との間のつながりということでは、もっとドラマティックな研究もある。その研究は出生時の惑星の配置が、職業と関係があること、あるいは、親子のホロスコープの間に一致が見られること……つまり星は遺伝すること（！）を厳密な統計的手続きによって示しているのである。これは、懐疑主義の科学者たちを大混乱に陥れた。

その研究者とはソルボンヌ大学出身の心理学者ミシェル・ゴークラン博士だ。

ゴークラン博士は、幼いころから占星術に深い関心を抱いていた。周囲の人の星座を訊《き》きまくり、その星座をはしから暗記する。周囲の人は、彼を「小さなノストラダムス」とあだ名したくらいだ。

しかし、その素朴な関心は、彼がソルボンヌ大学に進んだときに崩れてしまう。心理学の厳密な統計を学んだ彼は、占星術の伝統のなかで精密な統計を取った既存の研究がないことにショックを受ける。

いや、統計研究が全くなかったわけではない。

例えば、ナチスに雇われ、ノストラダムスの予言を都合よく解釈してプロパガンダに利用したドイツの占星術家カール・クラフトなどが、その先駆者だ。

しかし、残念ながら彼らの「統計」は、その標本（サンプル）の収集の方法や、きちんとした統制群を集めていないことなどあまりにも不備が多く、評価はできないものだった。

これについては、少し説明が必要かもしれない。

統計を取る、というのは手間さえかければ簡単にできると思われがちだが、実際にはそうではない。

例えば、僕自身、こんな失敗を子供のころにしたことがある。親の知人に馬主さんがいて、その方から、何とか占星術で競馬の予想ができないかと頼まれたのだ。

そこで興味を持った僕は、競走馬の誕生日を調べ、そこに共通項がないかどうか、研究してみようとした。馬の生年月日は、競馬新聞などから簡単に集められた。そして、50頭ほどの馬のデータを集めてみた。すると！

馬の多くが牡羊座の生まれであったのだ。牡羊座といえば、伝統的な占星術では、「競争意識が強い」ことで知られる。何と馬にも占星術は適応できるのかと、舞い上がってしまった。

しかし、どうも数字が都合よく片寄り過ぎている。何かおかしい。

もうみなさんはお気づきだと思う。馬には繁殖期があるわけで、たいていの出産が春先に集中していただけのことなのだ。

本当に意味のある研究をするためには、競走馬と、そうではない馬とを同じような条件の下で集め、比較しなければならない。

これなどは明らかなミスであるが、統計研究ではもっと慎重に他の条件が入り込んでこないかどうか、など厳密なチェックが要求される。それには専門的な訓練を受けた人間の能力がどうしても要求されるし、またそれを評価する側にも同じような注意力と厳密さが求められるのだ。統計研究が案外、難しいのは、このような理由による。

その点、ゴークランは理想的な人物であった。ロンドン大学の社会学者であり心理学者であり、世界でも屈指の指導的な統計研究者である故ハンス・アイゼンク博士も、「ゴークランは占星術の詳しい知識と、正規のアカデミックな訓練を積んだ希有《けう》な人物である」と評している。

ゴークランは、幼いころから親しんできた占星術が科学的にも意味があるのかどうかを確かめようとして、データを収集し始めた。

火星とスポーツ選手

最初、結果は全く失望させられるものばかりであった。

いわゆる生まれ星座の運命などは、統計の網のなかには引っかかってこなかった。

しかし、根気強く研究を進めてゆくと、驚くべきことがわかった。

それは、生まれたときの惑星の位置と職業の間には関係がある、ということだったのだ。

ゴークランは、フランスの医学アカデミーのメンバーである医師、つまり非常に優秀だと目される医師576名の出生データを集めた。幸いにも、彼はその出生時刻の記録までも得ることができた。そして、そのデータに基づいてホロスコープを作成し、惑星がどの位置にあるかをチェックしてみたのだった。

データは実にドラマティックな結果を示した。彼らは、土星か火星が頭の真上を過ぎたところか、あるいは地平線から少し昇ったところで生まれるという傾向があったのだ。

念のためにゴークランは、一般人のデータを無作為に選んで比較してみたが、この場合にはそんな偏差は見ることができなかった。統計学的には、まさしくはっきりと「惑星の位置と職業の関係」が現れたわけである。

ゴークランはこれで満足せずに、さらに研究を進めてゆく。ベルギー、フランス、オランダ、ドイツなどで各職業から、通算2万5000件にも及ぶデータを集めて研究したところ、例えば、科学者と土星、軍人と木星、スポーツ選手と火星などの優位な関係が明瞭に示される結果になったのだった。

こうした研究を、ゴークランはすでに1967年の時点で発表しているのである。

そればかりではない。ゴークランの研究は、個人の性格と惑星の位置、さらには、親子の間の、生まれたときの惑星の位置の間にも密接な相関関係を発見することに成功したのであった。

ゴークランの研究は、最初科学者たちには無視された。どうせ、何か手続き上のミスがあったのだろうと思われたのだ。

ゴークランはそこで、科学者のチームに自分のデータを送りつけて、それを検証してくれるように依頼した。

重い腰を上げてやっと調査に乗り出したのは、ベルギーの「パラ委員会」と呼ばれる科学者のグループだった。このグループは、「既得の科学では説明できない現象の調査」を目的にしている懐疑主義者の団体で、天文学者や統計学者が中心となって組織されている。もちろん、その目的は何事も公平な目で見て、それを検討するということなのだが、彼らの意図がいわゆる「迷信から大衆を救済すること」にあることは簡単に推測できる。

彼らは、ゴークランの実験を独自に再現してみることにした。選ばれたのは、火星とスポーツ選手との関係。

ゴークラン自身の研究では、1553人のスポーツ選手のデータを集め、そして、その出生時における火星の位置を調べていた。

するとその火星の位置は、地平線を昇ったところか、あるいは天頂を少し過ぎたところにあるという傾向が強く見られた。伝統的な占星術では、ホロスコープのアングル（東西の地平線と、天頂・天底を結ぶ南北の軸）に近い惑星は、特にパワフルなかたちで個人に影響を与えるとされている。彼らは、占星術的な意味でも「火星の下に」生まれているといえる。

で、火星の表すものは？

火星とは、戦いの神・マルス、つまり戦うことに強い能力を発揮する星なのである。

パラ委員会は、そこで、ゴークランのデータとは別に535人のスポーツ選手の出生年月日を収集して、この実験を追試してみたのである。

するとどうであろうか。

まさしく火星の位置の偏差は、ゴークランの実験の結果を再現するかたちになった。全くの偶然の結果でこのような偏差が現れる確率は、実に数百万分の一でしかない（図表⑯）。

しかし、このような大成功を前にしても、科学者たちは

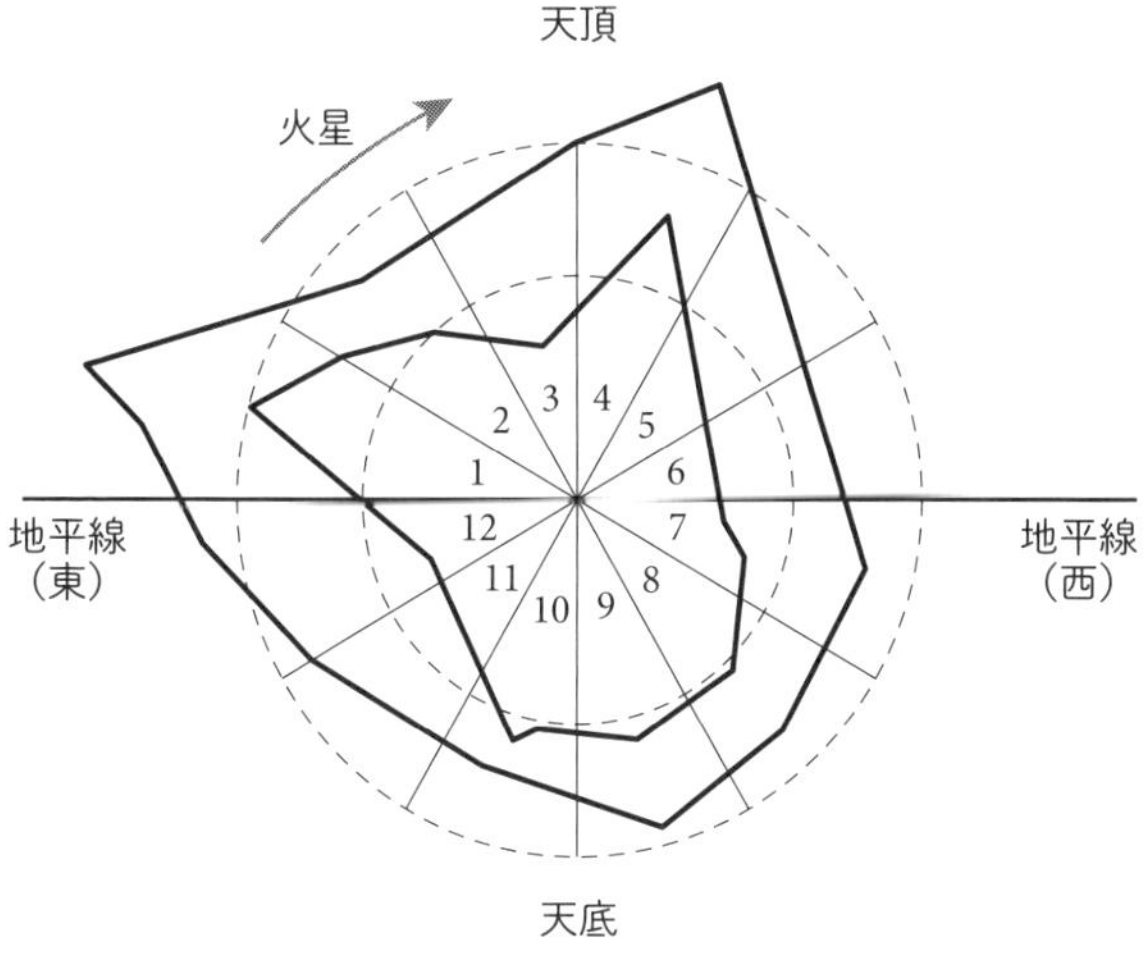

図表16 ゴークランによる火星効果の例

スポーツマンの出生時の地平線に対する火星の位置を示す。外側のグラフは、ゴークランが収集した1553人、内側のグラフはベルギーの科学者が集めた535人の選手の火星の分布を示している。

占星術を支持する結果を認めようとはせず、このようにレポートした。

「パラ委員会は、ゴークランの仮説に不正確さを見出した。ゴークランの実験の結果を支持するわけにはいかない」

慎重といえば慎重。しかし、あまりにも頑迷《がんめい》な姿勢とはいえないだろうか。僕にいわせれば、ここでも、「占星術恐怖症《アストロフォビア》」が顔を出している。

同じような追試がアメリカの科学者の団体「サイコップ（US Committee for the Scientific Investigations of the Paranormal)」によってもなされている。

この団体は、アメリカのスポーツ選手のデータを集めようとした。しかし、この計画は難局につき当たってしまう。当初は６００人を超すデータを集める目算であったのだが、プライバシーを守る法律にはばまれて、実際には１００そこそこのサンプルしか集めることができなかった。

が、このわずかな標本数においても、ゴークランのいう火星効果が認められたのである。

ただ、サイコップはその結果に満足することはなかった。何とかさらにデータを集めたのであるが、しかし、そこで集められたのは、かなり成績の落ちるスポーツ選手のデータであった。

すると、全体としては、火星効果は消えてしまったのである。

ゴークランは、「非常に優秀な選手でないと火星効果は見られない」としており、この点でサイコップのデータの収集・処理の不公平さを訴えている。

くずの山のなかの黄金

その後、ゴークランの研究はどうなったのであろうか。

ゲッティンゲン大学の心理学者S・エーテル博士は、四度にわたる追試によって、ゴークランのいう「火星効果」を完全に認めることとなったという。この詳細は、1995年に出版された『不屈の火星効果（*The Tenacious Mars Effect*）』という本のなかで示されている。

この本に序文を寄せているのはロンドン大学のアイゼンク博士だ。アイゼンク博士は、ガリガリの統計主義者であり、また迷信排斥主義者としてもよく知られた人物。彼は、こんなふうにこれまでの結論をまとめる。

「いまやゴークランの説はきわめてきちんと科学的に立証されたので、事実として認めるべきである」

アイゼンク博士は、ゴークラン博士の研究を詳細に検討した結果、多くの科学者たちの偏見に満ちた態度、そう、アストロフォビアを恥じるとともに、このような言葉によって、その評価を締めくくっている。

「おそらく、新しい科学が誕生しかかっていることをはっきりと述べる時期がきたようである。くず全体のなかに、金の塊があったらしい」

占星術という過去からの迷信の山のなかに、アイゼンク博士ら公平な科学者は、「金の塊」を見つけたわけである。

ゴークラン博士は、晩年に著した『ネオ・アストロロジー（*Neo Astrology*）』の副題に、「あるコペルニクス的革命」という勇ましい言葉を選んでいる。

誰もが地球は宇宙の真ん中にあると信じていた時代に、太陽の周りを地球が回っていると唱えて、当時の世界観、常識をひっくり返したコペルニクス。科学史のなかでは、このような根本的な世界観、物事の考え方の枠組みを根底から覆すような考え方の変化を「パラダイム・シフト」と呼ぶ。

ゴークランの発見は、このように占星術は迷信だという常識をひっくり返し、パラダイム・シフトを引き起こすことになるのだろうか。

もちろん、まだまだクリアしなければならないことは多い。

例えば、なぜ、「誕生」のときの惑星の位置が重要なのか。惑星の影響が太陽の活動を通じて人体に物理的に影響するのだとすれば、母体にいる間にも星の力はずっと作用しているはずである。それではなぜ、出生の瞬間が重要になるのだろう。

また、成功した人にだけ、この惑星の効果が現れるのはなぜなのだろうか。星は才能ばかりではなく、ある種の「幸運」まで左右しているというのだろうか。

いずれにしても、もしゴークランの仮説が広く認められるようになれば、まさしく、占星術は新しい科学となって、たくさんの人々に受け入れられるようになるのかもしれない。そしてこれを足がかりに、新しい宇宙と人間の関係、つながりが見えてくるようになるかもしれないのだ※。

※　本書をきちんと読んでいただければ誤解がないとは思うのだが、僕自身は占星術を「科学的」に証明できることには期待していない。科学によって天体による地上の現象への「影響」の存在が今後証明されてゆく可能性自体は多分にあるだろうが、それはこれまで「占星術」と呼ばれてきたものとはまた別の種類の営みとなるだろう。初版では言葉足らずであったかもしれないが、本書でこれまで挙げてきた例にしても十分に科学的、統計的に証明されたものではないことを強調しておきたい。

都合の悪い話

さあ、21世紀こそはわれわれ占星術家の出番である。

占星術は、これまでずっと、科学者たちから白い目で見られてきた。しかし、ゴークランをはじめとする占星術家兼科学者たちが、今やそんな偏見に満ちた科学者たちの圧力をはねのけて、新時代の科学を生み出そうとしている。われわれは宇宙と人間の壮大な関係を再発見しようとしているのだ！　……ああ、ここでこのように宣言できれば、どんなにいいだろう。

実際、多くの占星術家は、そう熱弁をふるう。

日本でもある占星術の入門書には、「占星術は新しい時代である水瓶座時代の科学」であるとか、「星の言葉を科学的に読み解く学問」であるなどと書かれている。

太陽や月、そして惑星たちの織り成す影響力を考えれば、こういう占星術家の主張もわからなくはない。

占星術を学ぶことは、いまだ陽の目を見ていない学問に身を殉《じゅん》じて、体制派に抵抗しているようなものだ。

占星術に代表されるオカルティズムが、若者たちに支持される理由は、きっとこんなところにもあるのではないだろうか。既製の価値観に対するアンチテーゼ。カウンター・カルチャーとしての知性！　何だか、燃えてくる話ではないか（ちなみに、僕の場合には、月や火星が闘志に満ちた「牡羊座」にある。ついつい、こういう話だとアツくなってしまう傾向があると、ホロスコープには出ている）。

しかし、ここまで威勢のいい言葉を吐くには、かなりの部分で自分にとって都合の悪いところには目をつぶらなければならない。

占星術に対する統計的な研究はかなりの数が出ているけれども、少なくとも否定派の学者のうち何人かでも納得させることができたのは、ゴークランの研究を初めとする、ほんの一握りの例にすぎない。いや、それですらかなり怪しい。占星術を支えるエビデンスは、ほとんど存在しない。

占星術家にとって、つらいことには、統計的研究の多くは、実際には、占星術を否定することになっている、ということなのだ。

ゴークランは、いわゆる「生まれ星座」の性格の違いなどは全く出てこなかった、という。他の研究も、どうも占星術的な影響は、あってもごくわずか、あるいは全く偶然の域を出ないものばかり、といういかにも情けない結果に終わっているのだ。

占星術家の書く本のほとんどには、こういう都合の悪い話が出てこない。占星術の科学的研究に対して、フェアでないのは、何も科学者側ばかりではないのである。

そんな意味で、ドラマティックな敗北の例を一つ挙げるとすれば、１９７４年にアメリカの主要な占星学団体ＮＣＧＲ（National Council for Geocentric Research）のニューヨーク支部がおこなったある調査であろう。

自殺者のホロスコープ

自殺と星の動きには、何かの関連性があるはずで、それは、ホロスコープのなかに現れるに違いない――。調査は、この仮説を検証するためにおこなわれた。

自殺は、客観的な事実である。曖昧な性格判断をもとに統計を取るといった、評価のしづらいテストと違って、これなら、はっきりと白黒の判断ができよう。

調査チームは1969年から73年の間にニューヨーク市での自殺者2250人のデータをまず収集。そのうちで出生年月日、時刻までのデータが得られたのは、311人であった。

さらに、これらの標本と同じ年に生まれた、自殺をしていない人々のデータが対照群として集められる。

さらに念入りなことに、それぞれの標本群は三つのグループに細分化された。こうして、三度同じテストを繰り返すことによって、偶然にデータが片寄ることを避けることができる。

これらの標本のホロスコープが作成され、徹底的に分析が加えられた。自殺をした人と、そうでない人との間に、ホロスコープの違いが見られるのだろうか。

チームはその当時知られていたあらゆるテクニックを試してみた。

それぞれの星座に入っている惑星、ハウスにある惑星、星々の角度（アスペクト）など、基本的な要素はもちろんすべてチェックされる。それればかりか、ほとんどすべての占星術の技術が検証されたのだ。

本書で初めて占星術のテクニックに触れたという方には、馴染みのない用語が続くかもしれないけれど、一応、俎上《そじょう》に載せられたファクターを挙げておこう。

エレメントやクオリティ（星座のグループ）への散らばり、ハウスの境界線に乗っている星座、ハウスの支配星、インターセプト（挟在する星座）の有無、惑星間のアスペクト、さらに、ミッドポイントにハーモニクス、小惑星や架空天体、ホロスコープの軸に接近する惑星、ゴークランの研究で肯定的に惑星が働くとされたゾーン、日食、さらには赤緯によるアスペクト、赤緯でのミッドポイントなどなど……。

要は、占星術家が用いることのできる、専門的な技術の、ほぼすべて。普通の占いでは、これらの要素をすべて調べ上げることなど、まずないだろう。

医学にたとえていうなら、まるまる一週間人間ドックに入って、徹底的にありとあらゆる精密検査をしたようなものだ。

さて、これだけの徹底的な分析を加えた結果、どんな「自殺傾向」を示すデータが現れたであろうか。ホロスコープにどんな特徴があれば、その人物は自殺を警戒しなければならないのだろうか。

結果は……何もない。皆無、であった。

研究者たちは、ひょっとしたら、まだまだ他のテクニック、つまり太陽中心で描き出したホロスコープだとか、地球から惑星の距離などを使えば、有意なデータが出てくるかもしれないというけれども、これはあまりにも、希望的な観測だろう。

この徹底的な研究、方法論的に完璧な調査の結果は、占星術の敗北を意味している。少なくとも、占星術は、「自殺」という人生の上での大きな問題を、ホロスコープの上に見出すことはできなかったのだ。

自殺という大きな運命がホロスコープから読み取れなかったとしたら、ほかにどんなことが読み取れるというのだろうか。

結婚や出会いのチャンス？　あなたの転職問題？　「自殺」という、これ以上はないほどの人生の大問題ですら、予測がつかないというのに、そんな「ささいな」ことが星に現れると考えるのは、ちょっと楽観的にすぎるのではないだろうか※。

僕は壁にぶち当たってしまった。

アイゼンク博士がいう、「黄金の塊」に比べて、占星術という全体をなす「くず」はあまりにも大きかったのだ。

※　このＮＣＧＲの調査については、G. Cornelius *The Moment of Astrology* 1994 参考。

上岡龍太郎氏とのバトル

占星術ははたして当たるのか。そこには何らかの科学的根拠があるのだろうか。

この問題には、僕自身、仕事をする上でもメディアのなかでしばしばつき当たってきた。

その経験のなかでも一番強く印象に残っているのは、よみうり放送のテレビ番組「EXTV」に出演して、上岡龍太郎さんや、元占い師の和泉宗章さんを相手にまわして、占いをディフェンスする側に立ったときのこと。

まだ、僕が大学院に上がったばかりのころのことだった。若気の至りとでもいうのか、今なら話術のプロである上岡さんを相手にする番組になどのこのこ出ていったりはしないと思うのだけれど。

そのころ、この深夜放送は占い批判によって相当盛り上がっていた。

発端になったのは、和泉宗章さんの『占い告発』という本だった。

和泉さんの名前を覚えていらっしゃる方は少なくても、「天中殺」という言葉ならおわかりだろう。

和泉さんは、「算命占星学」という占いを研究した末に、その一部である「天中殺」の占い方を一般の入門書で公開、大ベストセラーになって、日本中を天中殺ブームで沸かせた人だ。

しかし、その和泉さんは、一転、占いを糾弾、批判する側に回る。当時の長嶋監督の進退を彼独自の理論で占い、外してしまったことを契機に、占い師を廃業、今度は占いを糾弾する側に回ったのだ。

この和泉さんの転身を、潔い引き際と見るか、あるいは、何だか調子のいい人と見るかは、判断の分かれるところだろう。が、いずれにしても、ブームとして一方的に盛り上がっていた占いをもう一度考え直すきっかけをつくったという意味では、立派なことだと考えている。

実際、占いを生業とする人のなかには、霊感商法まがいの商売をして法外なお金を巻き上げたりするケースもあり、社会的な問題になっている。占いビジネスの暴走に対して歯止めをかけることは必要である。

上岡さんは、もともと占いに対して警戒心を持っていた方で、和泉さんの意見に賛同。ここで数度にわたるシリーズで、占いを巡ってのディベートがおこなわれたのだった。

このシリーズが始まったとき、僕はかたずを呑んでブラウン管のなかのバトルを見ていた。占いを擁護する側の占い師さんたちと、和泉・上岡のコンビ。形勢は明らかに占い師側が不利。

それはそうだ。占いを仕事にする人々は、占いや人生相談を仕事にしているのであって、ディベート術の腕を磨いたりしているわけではないし、占いが当たるかどうか、などということはそもそも日ごろの問題意識のなかにはない。

しかも、テレビという他人の土俵で勝負をしているわけだから、地の利も悪い。やきもきしながら毎週のシリーズを見ていたところ、占い専門雑誌を通じて、僕のところにも出演依頼がきた。番組のスタッフの方の話ではシリーズのまとめに入るという。このあたりで乱暴な議論ではなく、少し冷静な話ができる人を探しているということだった。

よしよし、ここらで一発逆転してやるか、とスタジオに向かう僕。こちらの陣営には、その占い雑誌の編集長、東洋の占いの専門家不二龍彦さん、今では心理評論家として大活躍しておられる富田隆さんがおられた。もちろん、僕は最年少。

「あんまり強気に出ると、絵ヅラ的に生意気なヤツだと思われちゃうよ」と編集長にはクギをさされたくらい。

僕はフリップに先ほどのゴークランのデータなどをまとめてもらって、話をし始めた。このように実証可能な（少なくとも実証の可能性のある）データもあるのだ、と。

しかし、議論が白熱してくると、学問的な話は飛ばされてしまう。

そして、このような問題が持ち出された。細かなやり取りは忘れてしまったけれど、趣旨はこんなことだった。

「100人乗りの飛行機が墜落して、100人が同時に亡くなったとする。そのときには、全員の星回りすべてに『死ぬ』という運命が出ていたのか」

とっさに僕が出した答えは、このようなものだった。

「そう、それが科学と占いの違うところなんです。科学の世界、統計の世界では、誰が死んでも、どのような気持ちで亡くなっていっても、あるいは残された家族がどんな思いを抱いていても、それは、『死』の事実として同じようにカウントされてしまいます。

それは、個人の人生の個有の意味が量に変わったということなんです。

でも、占いは、その人の死の意味を、そうです、意味そのものを考えていこうとする営みなんです。たとえ、それが主観的な解釈になっても構わないから」

ここでの僕の答えがどのように扱われたか。

肝心なところで話は終わってしまい、議論は中途半端なかたちでタイムオーバーとなってしまった。

あなただけの人生を考える占星術

占いと統計学の問題はもっと深く考えなければならないものだ。

そもそも、占いとは、その人だけの人生、一回きりの人生を占ったり、向き合ったりするものだ。人生は再現できないのだ。

それに対して、統計という手段は、再現可能なデータだけを扱う。個人の人生を、数字のデータのなかの一つの点へと還元、あるいは矮小化《わいしょう》してしまう。これでは、心の動きを扱うことはできない。一人の、一回きりの人生の、そして一つの問題を扱おうとする占いは、統計の網の目からは当然、こぼれ落ちるのではないだろうか。

だとすれば占いという営みを統計処理という「科学的」な方法で扱うことによって、その本質を見失うことになってしまう。

心理学者のユングは、実に的確にこの問題を表現している。

統計的な方法論は、確かに理想的な平均というかたちで事実を見せてくれる。しかし、それは経験上の現実の図を与えてくれるわけではない。……実際の現実についての重要なことは個別性である。……私たちは統計の持つ心理的効果を過小評価してはならない。それは、人間の価値を抽象的な点のなかに埋没させてしまうのである。

英国の占星術をリードするニック・キャンピオンは、1999年、学会誌でなされたインタビューにおいて、アイゼンク博士の「くず全体のなかの金の塊」という比喩《ひゆ》を逆に用いて、大胆な発想の転換を求めている。その発言は、全く僕の意見と同じだ。彼はいう。占星術という山のなかで、何が黄金で何がくずなのだろうか。統計という拷問にかけても生き延びた、再現可能な数字のデータはどちらなのか。占星術家が日々おこなっているような、毎日の占いや、人生の相談や、あるいは心の慰《なぐさ》めとしての占星術はどっちなのだろうか。

科学者であれば、もちろん、前者だというだろう。しかし、自分にとってはむしろ、「くず」のほうにこそ、占星術という営みの本質があるのではないかという気がする、と。

そう。何がくずか黄金かを決めるのは、別に統計学者である必要はないはずである。人生や運命を、科学の方法論、つまり統計や再現性や実証可能性といったこととは別なアプローチの仕方で扱おうとする営みがあってもいいのではないか。

そして、そんな非合理な気持ち、数字では割り切ることのできない気持ちが人間にあるからこそ、人は占いに向かうのではないだろうか。

第3章

心理学と占星術

天には物語が満ち満ちている

このあたりでもう一度、原点に帰ってみよう。

占星術の魅力とは何だろうか。

占星術に惹かれてこの道に迷い込んできた人は、確かに、まずは「星占い」という、甘いイメージの言葉とは裏腹な数字の羅列、データに圧倒されることになる。

占星術のデータには、数字がぎっしりと詰まっている。

惑星の位置、それぞれの惑星の角度（アスペクト）、さらには、進行してゆく惑星群との対比など、数字アレルギーの人はそれだけで頭痛を起こしそう。

それだけではない。第2章で見てきたように、占星術が当たるということを（あるいは当たらないということを）確認するための統計的な手続きは、まさしく数学の作業である。占星術家には、いわゆる理系の才能が必須として問われることになる。しかし、もちろん占星術は、理系だけのものではない。

幼いころに、占星術の魅力に初めて触れたときのことを思い出してみよう。星座図鑑に見る、あの荘厳な星々の輝き。神秘的な天体写真。そして何よりも、星と星を紡いで浮かび上がってくる星座の神話に心を惹きつけられたのではなかったか。僕自身の星座である魚座。魚座は、リボンで結びつけられた2匹の魚のかたちをしている。

神話によれば、これはユーフラテス川のほとりを歩いていた女神アフロディーテとその息子エロースが魚に変身した姿であるといわれている。実は、怪物ティフォンが二人を脅したために、慌てて二人は川に飛び込んで逃げようとしたのだった。そのとき、二人は激流のなかで離ればなれにならないように、互いの尾をリボンで結び合わせたのだ。

この話を聞いたときに、僕はぞくぞくとする何かを感じた。星空の物語。壮大な夜空の絵巻物。夜空には神話が満ちている。

巨大な獅子を素手で絞め殺した英雄ヘラクレス。ゼウスに連れ去られた美少年ガニメデス。人間を最後まで見捨てようとせずに、この地上に止まろうとした正義の女神アストレイア、そして天に巨大なその姿を見せる大きな蠍……。

その物語が、何か大きな力で心をつかんでくるような気がするのである。

星座以外の星も、それぞれ魅力的なキャラクターを持っている。太陽は、今の科学では核融合反応を続ける巨大なガスの塊であり、月は岩石。しかし、神話の世界では、星はただのモノではないのだ。

エジプト人は、太陽は毎日毎日、新しく生まれ変わって地平線から昇ってくるのだと考えた。夜の間、太陽は地下に沈み、そこでいったん死んで新しく生まれ変わる。

古代の人々にとって、月は天の女王であり、また生殖と死と再生を司る、圧倒的な存在感を放つ存在だった。

夕暮れの時刻に輝く一番星、金星は美しい女神であり、ギリシアやローマでは、愛の女神であるヴィーナスと同一視された。

そして、目に見える惑星のなかで、一番遠くにあり、一番ゆっくりと動く土星は、「時間」を司る神であり、さらに太陽系の大きさの限界を定める星でもあることから、さまざまなことに限界を定める星とされていたのだ。

古代の人の神話的想像力。占星術の、魅力の片面は、まぎれもなく、このような文系のロマンにある。ホロスコープを解釈するときには、このようなロマンティックな星のイメージを用いる。いうなれば、占星術は理系の計算と、文学的、詩的な想像力を用いる文系の才能の両方を必要とする体系ということになるだろうか。

けれども、このような「神話」は事実ではない。望遠鏡で見る限り、月には女神もいなかったし、金星にいたっては美しい恋の星であるどころか、有毒ガスに充ちた、しかも気温何百度もある熱地獄である。

今では神話とは、「事実ではない話」や「荒唐無稽《こうとうむけい》な作り話」、「古代の人々が作った、子供じみた空想」だということになっている。

このような神話にもとづく占星術は、やはり時代遅れのものなのだろうか。

いや、そうとばかりも限らない。その神話の意味を明らかにしてくれたのは、心理学者カール・ユングや神話学者のジョーゼフ・キャンベルといった人々であった。

そして、彼らは統計とは全く異なる、占星術へのアプローチの仕方を教えてくれたのである。

心理占星術のパイオニアになるぞ！

心理学者ユングの名前を初めて聞いたのは、やはり高校生のころだっただろうか。占星術の教科書を見ると、必ずといっていいほど、スイスの心理学者ユングの名前が出ていた。

しかし、詳しいことは書かれていない。占星術の歴史の章でわずかに、「20世紀に入ってから、占星術を科学的に研究したカール・ユング」などとほんの短いコメントが載っているのである。

これは勉強しなくてはと思って、僕は早速、書店に向かった。

初めて手にした本は、秋山さと子さんの『ユングの心理学』とか、河合隼雄氏の『ユング心理学入門』。いずれも、日本人の手による優れたユング心理学の入門書としてロングセラーを続けている「古典」。

これらの本の内容は、僕を仰天させた。よくマンガで、頭のなかに電球が「ピカリ！」と光る様子が描かれるが、まさにそんな感じ。読み進めながら、「これだっ！」と叫んだことをよく覚えている。

何がそんなに僕を驚かせたのか。

それは、ユング心理学の構造が、占星術の考え方とほとんど同じだった、ということなのだ。

こんなことをいうと、心理学の専門家には叱られてしまうかもしれない。が、実際そうなのだから仕方がない。かたや学問として、堂々と大学に講座がある学問と、もう片方は、人気はあるけれども、何だか胡散《うさん》臭いと思われている占星術。この二つが全く同じようなものであるということに、若かりし僕は直感的に気がついてしまったのである。

次第にユング自身の著作に触れ、また大学・大学院ではそのままユングを研究することになってしまうのだが、そこでも考えは変わらなかった。いや、それどころか、ますますその確信は深まってゆくようになってしまったのだ。

そこで、僕は考えた。もし、この二つを結びつけることができたら、すごいことになるかもしれない、と。

僕は、ユング心理学と占星術を結びつける試みを独自に始めた。惑星の意味を神話と結びつけたり、ユング心理学の用語と占星術をマッチングさせたりし始めたのだ。今にして振り返れば、思い上がりもいいところなのだけれど、そのころの僕には大いなる野心があった。

ユング心理学は、一つの学問としてちゃんと成り立っている。一方で、占星術は、非科学的な迷信扱い。この二つを結びつければ、僕はこの世界のパイオニアになれるかもしれない！

ホロスコープに引きつけて解釈すれば、僕のホロスコープの天頂にある牡羊座（12星座中最初の星座）や火星（戦いの星）、月（人気を求める星）などが、甘い言葉をささやいていたのだろう。

もちろん、占星術とユング心理学には違いもある。

その最大のものは、主にユング心理学ではクライアントの夢を分析してゆくのに対して、占星術では、出生のときの星の配置を素材にするという点である。

夢が、その人の心理状態を表しているというのは、何となく理解できる気もする。しかし、星の配置はどうか。物理法則にのっとって動く天体の星の配置が、心理状態を映し出している、などとどうしていえるのだろうか。しばらくは、この問いをクリアすることができずに悩んでいた。

第2章で紹介したような、磁力や重力、太陽の活動など物理的な影響が微妙なかたちで心に作用しているのだ、という説はあまりにも強引。はて、どうしたものか。

が、発想の切り替えが肝心。では「夢」のほうはどうなのだろう。

夢が、本当に心理状態を映しているのだろうか。それも、ユング派の分析家たちがいうように、人の心の奥底の無意識の状態を表しているのであろうか。

この問いに対する、科学的、客観的な答えはない。

夢のシンボルが無意識を表すという説は、いまもなお仮説の域を出ないし、精神分析がいまなお、心理学のなかでは主流に入らないのは、このためだ。

今でも夢など、結局は昼間の記憶の断片がごちゃごちゃに結び合わされたものにすぎない、と考える学者もいるのだから。

だとすれば、「夢」を使おうが、「星の配置」を使おうが、結局のところ、その科学的な根拠の薄弱さという意味では大差ないではないか。

心の探究のために使えるものは何でも使ってもよいはずだ。どうせ、「科学的根拠に欠ける」という意味で同じ穴のムジナであるとするのなら、占星術を使っても悪くはあるまい。

僕のノートは、こうして、占星術のシンボルとユング心理学の専門用語で溢れていった。

欧米にはすでにあった心理学的占星術《サイコロジカル・アストロロジー》

ユング心理学と占星術との出会い！　これによってパイオニアになれるかもしれない!!

そんな思いは、けれど、すぐに立ち消えることになる。

ホロスコープのシンボリズムを借りていうなら、天頂の火星（戦いの星）のすぐそばには、土星（伝統と抑圧の星）がいて、そんな若気の至りを諫めることになったのだった。

それは、海外の文献に目を向けるようになったことがきっかけだった。

まだインターネットもなく、海外の情報に触れることはなかなかできなかったのだが、国内の占星術文献をほとんど集め尽くしていた僕は、今度は海外の文献にまで目を向けなければと思っていた。

もちろん、英語だから、さっぱり読めないことはわかっていた。それでもエネルギーだけはあったから、一単語ずつ、辞書で引けば何とかなるだろう、そんなふうに楽観的に思っていたのだった。

チャンスは、初めての海外旅行。家族でハワイに出かけたときだ。どこに行きたいかと訊かれて、真っ先に「シリウス書店」と答えた。ハワイには、シリウス書店という占星術やオカルトの専門ショップがあるという情報を、人づてに聞いていたからだった。ビーチでもショッピングモールでもなく、ハワイまで来て怪しげなオカルト書店に連れていけというのだから、全く、親は呆れたにちがいない。「大丈夫かいな」と心配顔の家族に連れられて、ともあれ、車で駆けつけることになる。

住宅街のなかにあったその書店。そんなに大きな店ではないけれど、書棚はびっしりと占星術や魔術、ヨガなどの関係書籍で埋め尽くされていて、どこをどう探してよいのかわからない。僕の英語も、もちろん、カタコト。宝の山を前に途方に暮れてしまった。もちろん、お小遣いでそんなにたくさんの本が買えるはずもない。

そこで、母が助け舟を出してくれた。

「占星術に興味があるって、この子がいうんですけど、どの本がおすすめですか」

そのときに、店の主人が指し示したのが、リズ・グリーンという人の書いた『土星(Saturn)』と『リレイティング(Relating)』※という2冊の本だった。

じゃあ、せっかくだから、ということで、この2冊の本を購入。ほかには、まだ日本では出版されていなかった正確な天文暦を手に入れた。これが、僕にとっては、運命的な出会いとなる。

やがてすぐに知ることになるのだが、このリズ・グリーンという女性、現代占星術

※ 幸い、こちらも拙訳で出版することができた。リズ・グリーン著、鏡リュウジ訳『サターン 土星の心理占星学』(新装版・青土社2018年)

の世界ではまさしく第一人者と目される人物である。彼女の数々の著作は、現代占星術のシーンを塗り替えた。今風にいえば、カリスマ占星術家。

特に１９８０年代から90年代後半にかけては、彼女は文字通り占星術世界を代表する人物として世界中から圧倒的な支持を受けていた。占星術書店の店主が推薦してくれるのも、当然だったと思う。

が、同時に英語もおぼつかない高校生の子供には、リズ・グリーンは高い壁でもあった。

後の、大学院時代に僕はリズ・グリーンの著書を、やはり占星術の研究家、岡本翔子さんと二人で翻訳することになる。先に出ていたグリーンの『リレイティング』という本で、邦題は『占星学』（青土社）。分厚い専門書で、最初は出版社からも「売れませんよ」なんていわれていたのだが、今でも版を重ねていて、専門書としては異例の売れゆきになった。「心理占星術」が支持されたわけで、とてもうれしく思っている※。

しかし、この本の翻訳にはすでに大学院生になっていた僕でもすごく苦労した。このリズ・グリーンという人の文章、とても格調高い英語でボキャブラリーも難しく、ネイティブの人でも「やさしい読み物ではない」というくらい。とてもじゃないが高校1年生の英語力で読めるシロモノではないのだ。

それでも辞書と首っぴき、受験生のときについた、大学生の家庭教師の先生に無理をいって、リーダー代わりに1ページ1ページ読み進めていった。

その先生には今でもとても感謝している。このテキスト、学力崩壊が叫ばれている昨今では、並の大学生にはキツイものだったと思うのだが、先生も熱心に指導してくれた。好きこそものの何とやら。受験勉強はさっぱりできなかったし、英語にしても細かな文法問題はダメだったけれど、お蔭で長文読解だけは、得意になったものだ。

※ 共訳・岡本翔子『占星学』(新・新装版 青土社2019年)

ともあれ、心理学と占星術を結びつけたこの流れ、「サイコロジカル・アストロロジー」は、圧倒的な力で僕を魅了した。

もちろん、占星術というアヤシイものを学問へと昇華できるのでは、という野心もあった。そして、それ以上に深層心理学を武器に占星術に取り組めば、これまでの迷信的で、「当たる当たらない」に終始していた占いを、より意味深いものにできるのではないかと考えたのだ。

多少なりとも語学を身につけ、目の前に欧米の占星術の世界が本格的に開けたとき、リズ・グリーンのほかにも多くの心理占星術家がいることがわかった。

ハワード・サスポータス、スティーブン・アロヨ、カレン・ハマカー・ゾンダク、トレーシイ・マークス、エリン・サリヴァン、リチャード・イデモン、チャールズ・ハーヴェイ、メラニー・ラインハートなどなど、多くの心理占星術家たちがいて、一つの流れを作っていることが見えてきた。

欧米においては、「心理学的占星術」は、完全に確立されていたわけである。正直、がっかりしもしたが、自分自身では、その道のパイオニアにはなれずとも、その紹介者になれるのではないかと思ったのだ。

その後、何度もイギリスに足を運んでは、リズ・グリーンをはじめとする、第一線の心理占星術家たちの授業を受けることになった。

心理占星術の思考法だとか、ものの見方、ホロスコープの解釈法をみっちりと身につけることになったわけだ。

大学院ではユングのテキストを読みながら、夏休みを利用して、英国に出かけては心理占星術のトレーニングを受けた。

その意味で、僕自身、心理占星術の「専門家」になってしまったところがある。

ここから先は、心理占星学の「先生」の役回りで書いてしまうことになると思うけれど、どうかお許しいただきたい。

心理占星術の誕生

僕が出会った心理占星術の潮流。この流れはどのようにして生まれてきたのだろう。少し横道にそれるけれど、その流れを簡単にご紹介しておきたい。

西洋占星術は長い間、ずっとヨーロッパの個人主義、自由意志論に取り囲まれながら、自由意志と運命の葛藤という難問を抱え込んできた。

個人は自分の力で運命を切り拓《ひら》くべきだ、という自由の考え方と、星によって運命が決められているという運命論は、どうしても折り合いがつきにくい。歴史を通じて神学者や哲学者が何度となく占星術を攻撃しているのには、こういう背景があるのだ。

心理学的な占星術は、この難問に答える、一つの有力な方策でもあったのだ。

心理学的占星術への最初の一歩を踏み出したのは、イギリスのアラン・レオという占星術家だった。レオは、現在の英国の、そしてまた世界の占星術の現代的復興における父というべき存在。彼の著した教科書は、今では占星術の古典となっているし、1915年に彼が設立した「ロンドン占星術ロッジ（ALL）」は今でも健在な上に、英国占星術協会、名門の占星術学校「ファカルティ・オブ・アストロロジカル・スタディーズ」や「カンパニー・オブ・アストロロジャーズ」など有力な英国の占星術団体は、すべてこのロッジから生まれている。

現代占星術は、その理論の面でも組織の面でも、レオに負うところが極めて大きいわけだ。

そのレオは、非常に早い段階から、心理学への接近を試みている。それには、二つの理由があった。

一つには、レオが人間の心は成長して発達していくべきものだ、と考えていたこと。運命を人格の成長によって克服できるという思想が、もともとレオにはあった。

さらに、より実際的な理由がレオにはあった。それは政府当局をにらんでの話。当時の法律では、「未来を予言できると詐称すること」は、禁じられていた。レオは、この件で、二度にわたって法廷から呼び出しをかけられて、1917年には罰金を支払っている。ちなみに、そのお値段は当時の金額で25ポンドというから決して安くはない(今の価値だと、30万円ほどになるという)。

レオは、上訴して判決を覆そうかとも考えたが、弁護士と相談した上でそれを諦めた。当時の風潮では、上訴しても裁判所に訴えが通る可能性は低かったからだ。

その代わりにレオが取った戦略は、占星術が「予言の道具ではない」と強調することだった。

占星術は「未来の予言」ではなく、「性格の傾向」を示すものだという解釈を打ち出す方針を固めたのだった。

「性格こそ運命なり」、レオは古代ギリシアのヘラクレイトスが残したこの格言を、自分の占星術のモットーとしている。とすれば、性格が変わっていけば、運命そのものもまた変えることができるのだ※。

さらに、占星術は20世紀に発展を続ける。

１９３６年には、フランス出身のアメリカ人、詩人にして音楽家、占星術家のディーン・ルディアが、「人間性占星術《ヒューマニスティック・アストロロジー》」を提唱した。ルディアによれば、ホロスコープは人間の潜在的な可能性を示すものであって、決して運命そのものを示すものではないという。

そして、ついにリズ・グリーンが登場する。彼女は深いユング心理学の知識と占星

※　19世紀末以降の占星術の歴史、特にアラン・レオの業績については拙著『占星綺想』（新装版・青土社２００７年）、『占星術の文化誌』（原書房２０１７年）、ニコラス キャンピオン著、鏡リュウジ監訳『世界史と西洋占星術』（柏書房２０１２年）、P.Curry *A Confusion of Prophets: Victorian and Edwardian Astrology* Collins and Brown 1992, Kim Farnell *Modern Astrologers The Lives of Alan and Bessie Leo* Kim Farnell 2018 などを参照。

術を結びつけることに成功したのだ（グリーンは、正式なユング派分析家資格を持っている）。

リズ・グリーンの著作が、西洋の占星術シーンを大きく塗り替えたのは、先ほどから強調している通りだ。

ユングのいう外向性・内向性

では、どんなふうにユング心理学と占星術は似ているのだろうか。

ユング心理学の入門書を読んだときに真っ先に気がつくのは、ユング心理学における性格分類と占星術とが似かよっていることだ。

心理占星術では、ユング心理学の性格分類と占星術のシンボリズムを結びつけて、従来の性格判断をさらに深いものにしている。

ユング心理学が人の性格を判断する上で、最初に注目するのは「外向・内向」の違い。

僕たちもしばしば、「あの人は外向的だ」とか「内向的な性格で」ということがある。

外向、内向という言葉は、すでに一般的な用語になっていて、ずっと以前からある言葉のように思われていることも多い。

しかし、この、非常に一般化した言葉が、実は、心理学者のユングが初めて提唱したものであるということを知っている人はどれだけいるだろうか。そして、ユング自身がどんなふうにこれらの用語を用いたかを理解している人となると、もっと少ないに違いない。

外向的といえば、社交的で明るく、内向的といえば暗い、と考えるかもしれない。しかし、ユングのもともとの考えでは、外向性とは「自分の外側に判断の基準を置く傾向」であり、また内向性とは「自分の内側に関心を向けているタイプ」、というくらいの意味である。いわば、心のなかの注意力、エネルギーが外側を向いているか、内側を向いているか、ということだ。

外向タイプは、外の状況に敏感に反応し、また外部の状況や人間に積極的に働きかける。

内向タイプは流行などに流されることなく、自分自身のなかで何が起こっているかを見つめている。

外向・内向に対応する三宮

外向・内向の分類を初めて見たときに、僕はこれが占星術の性格分類にぴったり対応することに気がついた※。

それは「活動宮」と「不動宮」の二つである。

占星術には、12の星座をまた別の3グループに分ける考え方がある。12の星座は「活動」「不動」「柔軟」の三つに分けられるのである（図表⑰）。この三つの分類は、時間の推移、特に季節の変化をイメージして考えられているといわれている。

例えば、恋の始まりと終わり。あるいは、今のあなたのキャリアのきっかけと、一つのけじめ。そのときのことを今、振り返ると、どこに一番思い入れがあるだろうか。

あなたの心の動きや出来事の流れ……つまり、大袈裟《おおげさ》にいってしまえば人生は、始まりとそれが維持されている状態と、変化に向かっての終わりとの三つのステージに分けて考えることができる。

活動宮	牡羊座・蟹　座 天秤座・山羊座	これらの各星座は春夏秋冬の季節の始まりと呼応。
不動宮	牡牛座・獅子座 蠍　座・水瓶座	これらの星座は季節のピークを。
柔軟宮	双子座・乙女座 射手座・魚　座	これらは季節が変わっていくはかない期間を象徴する。

※　初版のこの表現は言い過ぎであった。執筆時には自分のアイデアのようにも思っていたのだが、高校生のときに読んだ Karen Hamaker-Zondag *Psychological Astrology: A Synthesis of Jungian Psychology and Astrology* Aquarian 1980 新装版は Red Wheel / Weiser にすでに詳述されていた。早い時期に紐解いたので自分のアイデアと混同していたようである。

けれど、そのどこに一番重きを置くか、ということは、人によって違う。いいかえれば、どこにエネルギーを向けているか、ということが人さまざまだということ。

この三つのグループの星座の分類を「クオリティ」と呼ぶ。

ホロスコープでは、どのグループに惑星が多いかをカウントすることで、あなたの基本的な性格がずいぶんはっきりする。10ある惑星のうち四つ以上もあればあなたの心のエネルギーの方向性が見えてくる。

まず活動宮に星の多い人。この人は何かを始めるとき、立ち上げるときに最も燃えるはずだという。企画が大好き。思い立ったらすぐに動く。

不動宮の多い人は簡単には動かないけれど、実はあれこれ考えていて、始まったことはキチンと終わらせようとするタイプ。

さらに、柔軟宮に星の多い人は、ちょっと落ち着きはないけれど、いろんな可能性をいつも感じて、ああでもないこうでもない、と迷いながら動いていく性質だと考えられる。

どうだろう。活動宮は外向、不動宮は内向、そして柔軟宮は、その混合タイプ、外向・内向がくるくると変転するタイプというふうには見えてこないだろうか。

現に、オランダの代表的な心理占星術家カレン・ハマカー・ゾンダクも、活動・不動・柔軟を外向・内向と対応させて考えている。

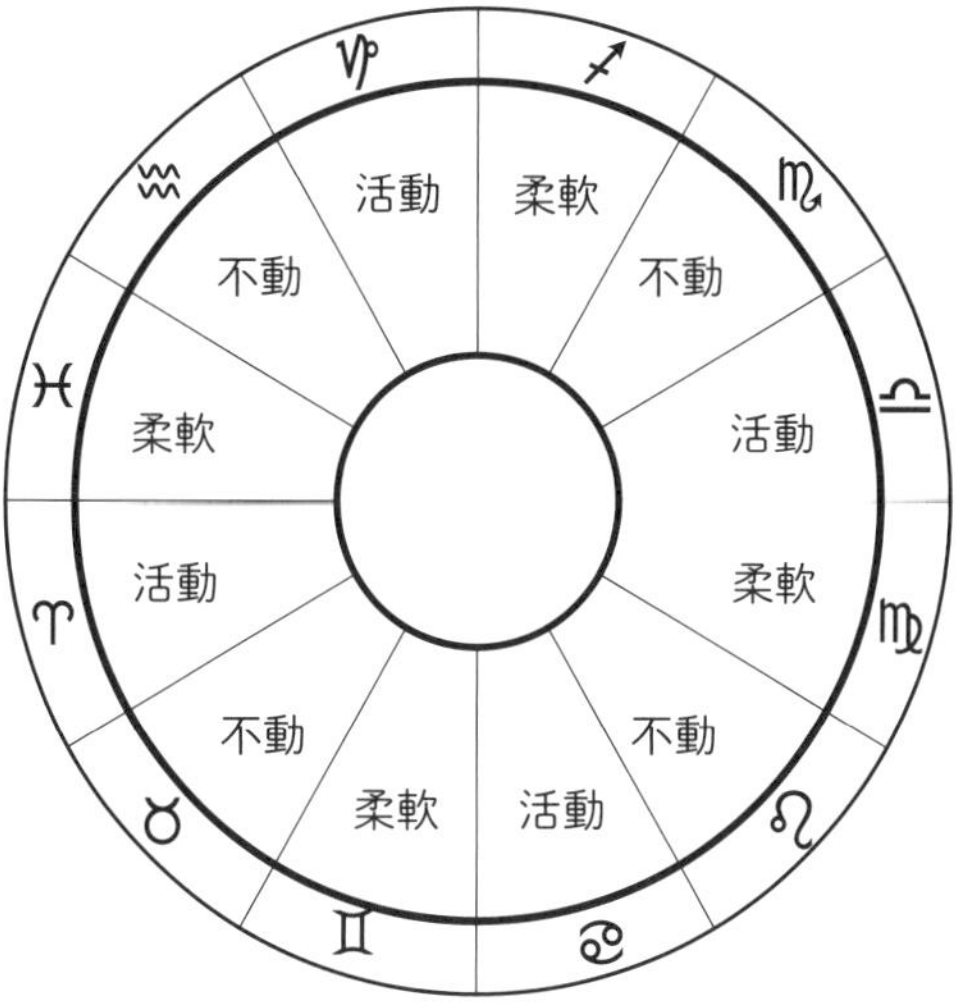

図表17 12宮の3分類

12宮は、活動・不動・柔軟の三つの「クオリティ（特質）」に分類することができる。

クオリティが家族で働き始めると

人の行動の特徴の多くはこの星座のクオリティによって説明できる。より具体的に、外向・内向の違いを説明してみよう。

12星座の三区分を考えるときに、僕が身近なサンプルとして思い出すのが、わが家の三角関係のこと。わが家の家族構成は、見事なまでに、この活動・不動・柔軟の3タイプが揃っていた。そこで、どんなふうに星座の特質の違いが現れるか、僕は幼いころからずっと観察できたわけだ。

子供のころ、久しぶりに家族旅行に出かけることになった。その出発前夜のこと。まず、一番先に浮き足立つのは、子供たちではなく、母。彼女は牡羊座に強力な惑星を持っている、典型的な「活動宮」タイプである。活動宮のタイプは、何かアクションが始まると、そこでじっとしていることはできない。ガイドブックを見たり、自分の荷物をまとめたり、と慌ただしく動く。そもそも、自分でも仕事を持っていて、忙しかった母は、前の日にあくせくと準備を始めて、そのなかからすっかり旅する気分になってきている。

ところが、牡牛座、つまり不動の星座が強調されている父は、のんびりしている。そこで母はイライラし始める。

「さあ、早くパッキングしてくださいな」

で、父が即座に動くか？　答えはノー。

まず、彼は腰を下ろし、タバコをふかし始める。1本、2本……。その間のわずか数分が母にとっては数時間にも感じられる。

「まったく、早くしてくださいな！」

けれど、彼は何もしていないのか、というとそうではない。異国のホテルで足りないものは何か、何を持っていくべきか、頭のなかで考えているのだ。

不動宮は、自分の考えをまとめることが最初。動くのはそれからだ。けれど、母にしてみれば、もうイライラは絶頂。

そこで子供の魚座（柔軟）の僕の登場となる。

「もう、早くしてってお父さんにいってきて！」と母。

僕はそのときには「はあい」と気のいい返事をするが、母のいる台所から父のいる書斎まで移動する間に、居間でやっているテレビが目に入ったりすると、その瞬間に母の言葉を忘れて、テレビ番組に見入ってしまう……。しかしそのお蔭で、明日の天気予報など意外な情報が飛び込んできたりして。

こんな、たわいのない家族ドラマが、まさに「クオリティ」の違いをよく表している。

パートナーとあなたの違い。人間関係の複雑さ。星座の分類のレンズを通して見てみると、ややこしい問題も、案外、すっきりと見えてくるかもしれないのだ。

四つの心の働き

ユング心理学における性格の分類は、外向・内向の二つだけではない。

ユングは、人間の性格のタイプは、心の基本的な四つの機能（働き）のバランスによって左右されると考えていた。その心の働きとは、思考・感情・感覚・直観の四つなのだが、これがまた、占星術の性格分類の考え方とそっくり、瓜二つなのだ。

ユングのいう心の機能、性格の四つのタイプは、先ほどの外向・内向とクオリティの関係以上に占星術における「エレメント」論とそっくりなのだ。

占星術では、人間の性格を火、地、風、水の四つのタイプ（エレメント）に分けて考えることが多い（図表⑱）。

12の星座は、それぞれ三つの星座ずつ、四つのグループに分かれる。この分類は、雑誌の星占いでもしばしば取り上げられるので、ご存知の方も多いだろう。
それぞれのグループの分類は、次の通り。

火の星座	牡羊座・獅子座・射手座
地の星座	牡牛座・乙女座・山羊座
風の星座	双子座・天秤座・水瓶座
水の星座	蟹　座・蠍　座・魚　座

図表18 12宮と四つのエレメント

12宮は、火・地・風・水の四つの「エレメント（要素）」に分類することができる。

占星術では、古代ギリシアの宇宙論の伝統を引いて、この宇宙を形成しているのは、火、地、風、水の四つの元素（エレメント）だと考えている。この四つの元素のバランスの違いによって、鉄が生まれたり木が生まれたり、黄金が生まれたりするというわけである※。

そして、12の星座は、この四つの元素によって分類されているというわけだ。

当然、人間のなかにも、この四つのエレメントが含まれている。そのバランスによって、人間の気質や性格、体質もまた違ってくる。火が多ければ血気さかん、地が多ければ憂鬱質、というように。

もちろん、このような元素論は現代の科学の考え方からすれば的外れだ。水は、「元

※　ユング心理学におけるタイプ論と4エレメントとの対応についてはStephen Arroyo *Astrology, Psychology, and the Four Elements: An Energy Approach to Astrology & Its Use in the Counseling Arts* CRCS Pubns 1975が先駆的なものである。またリズ・グリーン著『占星学』（青土社）が優れた解説となっている。

素」ではなく、水素と酸素が結びついてできた物質である。

しかし、古代の元素論を、そのまま受け取るのではなく、もっと象徴的、詩的に捉《とら》え直してみよう。

水は、H_2Oとしての水ではない。そこには、しっとりとした感じや流れ、浄化、激しい気持ちのうねりなどのイメージが含まれているのである。そして水の要素が強いという人には「ウェット」で、ロマンティックで、やさしくて、ときに「べたべた」したところさえあるような気がする。

このようなかたちで、四つのエレメントのイメージと性格の関係性が想像されていった。

風は、知的な性格を、火は燃え上がるような情熱やこの世界を超えたものを見据える精神を、水は感情を、地は肉体や物質を司るというのである。

一方、ユング心理学でも心には四つの働きがあって、それが人間の性格を決めているという。そして、四つのエレメントは、ユングのいう心の四つの機能、思考・感情・感覚・直観と、実によく符合するのだ。つまり、心理学という道具が生まれるはるか以前に、古代のイマジネーションは今世紀の心理学者と同じ結論に達していたのである。

思考とは、物事が正しいかどうかを判断する合理的な能力。

感情とは、自分のなかの好きか嫌いか、という価値を判断する能力。

感覚とは、五感の力。

直観とは、五感では感じ取れない何かを感知する力である。

誰しも、これら思考・感情・感覚・直観の四つの心の働きはみんなある。しかし、すべての人がこの四つを等しく使っているわけではない。人によって得意な機能があるのだ。

これは、ちょうど右利きとか左利きがあるのと似ている。

思考機能が強い人は、いつでも物事を論理的に考えるようになり、当然、ロジカルでクールな性格になるだろう。

一方、感情機能が発達している人は、他の人の気持ちに敏感なタイプだ。直観タイプは目の前の物事にとらわれず、感覚タイプは堅実で現実的。

となれば、火は「直観」に、地は「感覚」に、風は「思考」に、水は「感情」に重なり合って見えてはこないだろうか。

もしかすると、ユングがタイプ論を考えつくときには、このような古代的な性格類型を参考にしたのかもしれないと思えるほどだ※。

※　ユングが心理学的四機能と4エレメントを重ね合わせていた可能性があることは、後にリズ・グリーンによって論じられている。リズ・グリーン著『占星術とユング心理学』（原書房）参照。

相補機能——心のダイナミズム

心の機能は独立して存在しているわけではなく、お互いに補い合う関係にある。思考は感情と、直観は感覚とちょうど裏の関係にあるのだ（図表⑲）。

例えば、思考機能と感情機能。すでに述べたように、思考とは物事を正しいかどうか判断する合理的な機能だけれど、一方で感情は物事を「好きか嫌いか」で判断する。この二つの機能は、ちょうど反対の関係にあって、同時に働くことはできない。

例えば、1足す1は2と計算するときに、「私の好きなあの人がいう通りに3にしよう」などとはできない。思考と感情は別なのである。

また感覚は物事を五感で正しく捉える力のこと、直観とは見えないものを捉える能力。この二つはやはり対照的だ。人によって、この四つの心の機能のうちの「優勢」

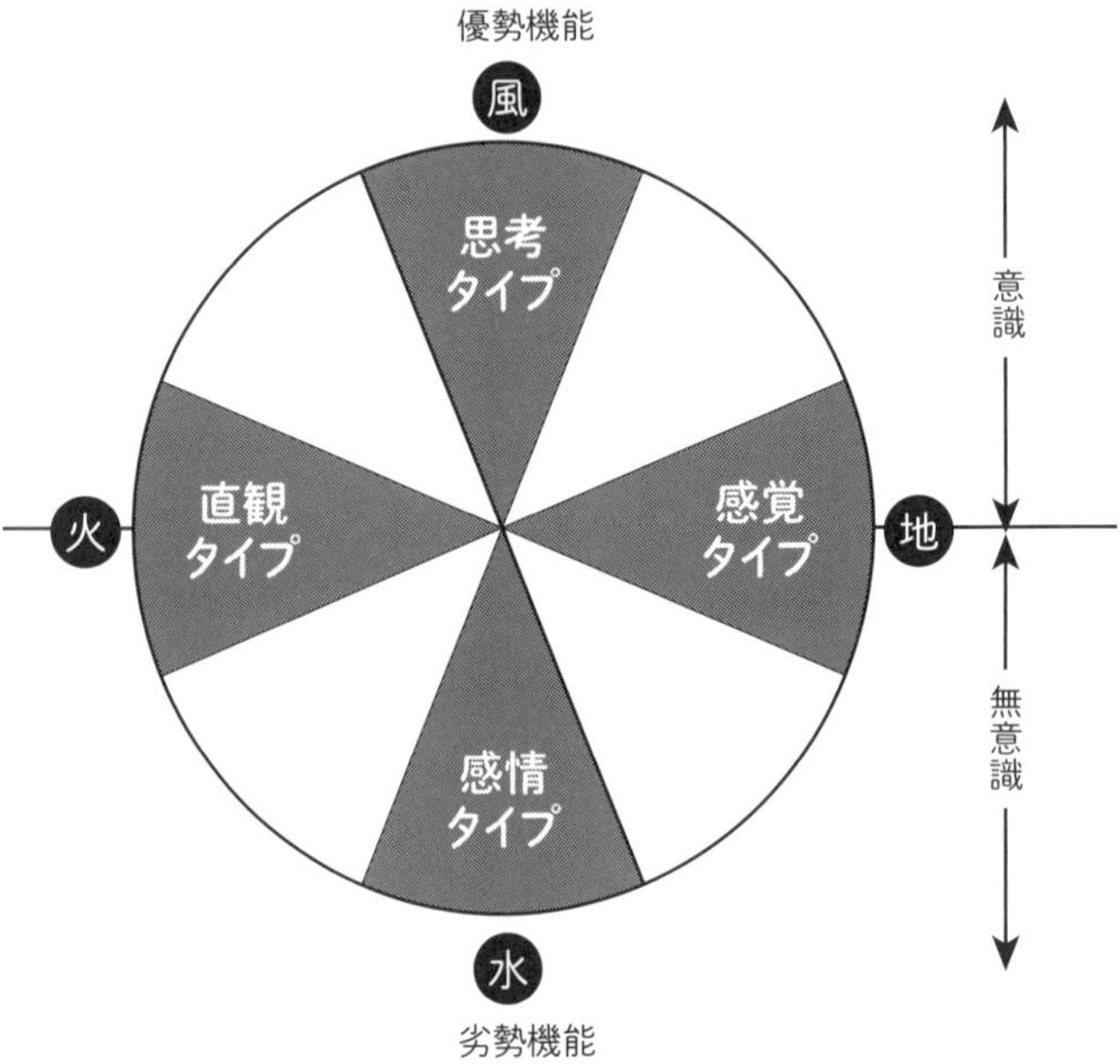

図表19 **ユングの心のモデル**

ユングは、人間の心には、思考・感情・感覚・直観の四つの働きがあると考えた。思考と感情、感覚と直観はそれぞれ対照的な働きをすることになっている。

なものがあって、それによって、いわゆる性格が決まると考えるのである。

しかも面白いのは、ある機能の裏側の機能が、突然、表に現れることもあるということ。しかも、裏の機能はとても荒々しく未熟な出方をして周囲を驚かせる。思考タイプの、普段は合理的で冷静な人が、突然、恋に落ちて周囲をびっくりさせるような行動を取るのを見たことはないだろうか。これは無意識のなかに隠れていた機能が現れる例だ。しかし、このようなケースは、あまりに一面的に発達した心のバランスを取ろうとする無意識からの行動なのである。

心は全体性を目指そうとする……。これがユング心理学の考え方だ。つまり、自分でも気がつかない、心の奥の中身もいつかはすべて表に現れてくる。人間の可能性はすべて現れるはずだというのである。

性格分類の違い

ユング心理学と占星術の性格分類は、こうして見てきたように、実によく似ているのだが、同時になかなか噛《か》み合わない部分も当然ある。

例えば、外向と活動宮、内向と不動宮はうまくマッチするが、しかし、柔軟宮に当たるような、外向・内向がくるくると変転する性格はユング心理学では想定されていない。

また、思考機能とその相補機能である感情機能が両方とも強い、ということも理論上はユング心理学ではあり得ない。が、ホロスコープのなかでは風と水のエレメントが両方とも強調される、ということもあり得る※。

とはいえ、ユング心理学と占星術を融合させることによって、少なくともさらに占星術のシンボル解釈を深めていくことはできる。少なくとも僕はそう考えたし、ただただ、「火の星座の人は情熱的で勝ち気」とか「不動宮の人は頑固」というよりも、ずっと深い解釈が導き出せるのも確かなのだ。

ここまでくれば、あなたも自分のチャートがどんなタイプに属しているのか知りたくなってきているに違いない。

本書ではホロスコープを作成することはできないが、もし、お手元にホロスコープがあるなら、どのグループに星が多いかを数えてみてほしい。

また、ホロスコープがなければ、あなたの太陽星座（誕生星座）のエレメントを見るだけでも、大きなヒントになるだろう。

それぞれの解釈は、別枠に収めておいたので、ぜひ参照してみてほしい。

※　現代の心理占星術における、タイプ論とエレメントの不整合については Robert Hand が詳細に論じている。Hand *Horoscope Symbols* Schiffer Pub Ltd 1987 参照。

ここで重要なのは、「当たっている」や「当たっていない」という基準ばかりでこれを見ないことである。

四つのエレメント、三つのクオリティは、誰の心のなかにも存在している。それがどんなふうに自分のなかで働いているか、そして、それをどんなふうに他の人に投影しているか、ということを想像していくことがとても重要になってくる。

自分のなかにまだ気がついていない自分を見出していくこと、そうした眼差しを持つことができるかどうか、というのが、重要なのだ。

三つのクオリティ

《活動星座》牡羊座、蟹座、天秤座、山羊座

あなたがもっともいきいきとして「元気」だと感じられるのは、何かを新しく始めようとしているときのはずだ。

例えば、新しい仕事のプロジェクトに取り掛かったとき。あるいは、新しい恋が始まりそうな予感がしたとき。そのときには、あなたは自分の心のエネルギーが、どっと流れ出すのを感じる。

心理学でいえば「外向タイプ」に当たる。

外向性といっても、いわゆる「明るさ」ではない。あなたがいうこと、すること、始めたことがちゃんと周囲に影響を与えて認められる。人があなたのノリに乗ってくる――そのことで大きな喜びを感じるのがあなたなのだ。逆にいえば、あなたのいったことが相手にされないと、すごく落ち込み、寂しい気持ちに。強気なあなたと自信なさげなあなたのギャップがそこから生まれてくる。

この世に新しい発破《はっぱ》をかけるのがあなたの使命なのだといえよう。

三つのクオリティ

《不動星座》牡牛座、獅子座、蠍座、水瓶座

不動の星座は、心理学的には「内向性」を司る。それが象徴するのは「一つところにとどまる」ことをとても大切にするということだろうか。

ここに惑星が集中しているあなたは、決して尻の軽いタイプではない。人のいうことに軽々と乗ったりはしない。流行に乗って、あれこれやっている人のことを理解できない。けれど、逆にいえば、時流に乗ったり、その場のムードをつかんだりすることができないので、損をしているように感じることがあるかもしれない。全く不器用ゆえに貧乏くじを引いているような気がするのでは。

しかし、どんな時代でも、自分流の動かされない価値観を持っているというのは、大きな強みでもある。そこにちゃんとこだわっていくことで、最終的には大きな何かを手にすることができる。自信を持って、自分を大切にしていきたい。

三つのクオリティ

《柔軟星座》双子座、乙女座、射手座、魚座

柔軟宮が表すのは、「今の自分にこだわらない柔軟性」である。あるいは自分を曲げて、何かをしてゆく適応力。

ここに星の多いあなたは、一言でいえば適応力はあるけれど、一貫性がないと思われがちだろう。会う人や状況によって、意見や態度がコロコロ変わってしまうし、そのことに対してあまり深刻な思いも抱いていない。人によってはあなたのことを「気分屋」だとか「落ち着きがない」とか「いいかげん」というかもしれない。

けれど、裏を返せばそれはあなたが「自分」なんてものにこだわらず、自由でいるということでもあるのではないだろうか。新しいことを吸収するのが早くて、応用力があって、しなやかな魅力を持つことができること。

いい意味で逃げ足が早くこだわりがないこと。それがあなたの強みなのだ。

四つのエレメント

《火のエレメント》牡羊座、獅子座、射手座

火のエレメントは「直観」の機能に相当する。直観の機能とは、五感では捉えられないことを感知する能力のこと。といっても、特に神秘的なことではない。まだ来ない未来に向けて夢を抱いたり、実現するかどうかわからない可能性に向けていろいろなことをやっていくことができる能力だ。

「直観」という言葉の響きが持つ、ミステリアスな雰囲気とは裏腹に、実際には陽気で活動的、楽観的な人も多い。また、理想に燃えてパワフルに活動する人も多いのである。

しかし、火はまた、この世、物質を超えたようなインスピレーション、精神の世界をも意味している。

イギリスの詩人にして画家ウィリアム・ブレイクが描く、神秘的な、しかし燃え盛るようなヴィジョンは、まさに火のエレメントのパワーをよく象徴しているように思える。実際、彼のホロスコープに目を転じてみるといい。そこには、極端なまでに火のエレメントに星が集中していることがわかるだろう（図表⑳）。

しかし、そんなあなたの背後には、隠された地のエレメントがある。それを抑圧しすぎていると、突然、強欲になったり未来に対しての不安を避けようと、がむしゃらにこの世での成功にしがみつこうとしたりする傾向も出て

くる。あなたに必要なのは、この世の現実と向き合うための能力、地に足をつける能力だ。夢と現実とを擦り合わせるところから力が出てくる。

図表20

ブレイクの絵とホロスコープ

イギリスの幻想詩人・画家ウィリアム・ブレイク。そのホロスコープは、火が強調されており、ブレイクが典型的な「直観」タイプだったことを示している。

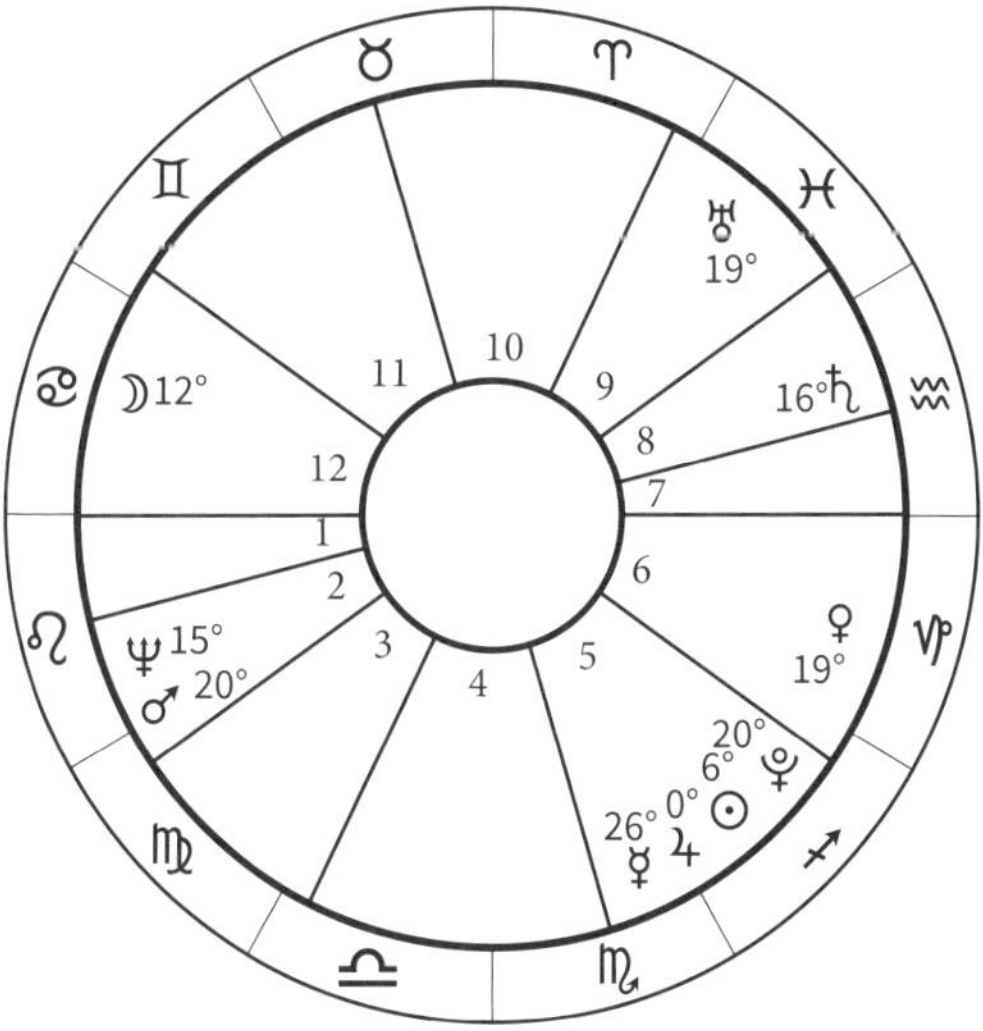

四つのエレメント

《地のエレメント》牡牛座、乙女座、山羊座

地のエレメントは「感覚」に相当する。この機能は目で見て、耳で聞いて、肌で触れて感じ取ることのできるものを大切にする。つまりあなたの周囲にある現実を大切にする性格なのだ。

あなたは五感から入ってくる情報に敏感である。つまり自分が心地よいかどうかが極めて重要なのだ。おいしいもの、きれいなものは理屈抜きに好きだし、自分を心地よい状態においておくための努力は惜しまない。

ひいては、そのような感覚を自分に与え続けるために、この現実世界のなかで成功するための考えも持っている。あなたが現実的であるとかしっかりしているといわれるのはそのためである。まるで写実主義の画家ギュスターヴ・クールベが描くように、あなたはしっかりとあなたの環境に目を向けているのである。

クールベのホロスコープを見てみよう。彼の誕生星座（双子座）は地の星座ではないが、ホロスコープのなかの惑星の多くは地の星座に集中している（図表㉑）。

しかし、そんなあなたの裏面には、未熟な影の火の機能が眠っている。普段はとても現実的な人であるにも関わらず、恋をしたときに突然、妙な占い師のいうことを絶対視したり。

火は「直観」の機能を表すのだけれど、これが下手なかたちで現れると、非現実的な予感とか、迷信的な発想を生み出すことになってしまうからだ。あなたに必要なのは、自分の内側に眠る直観的な機能に目を向けることだ。

図表21

クールベの絵とホロスコープ

「写実主義」の芸術家であるクールベ。そのホロスコープには、地のエレメントが強調されており、クールベが現実を直視する「感覚」タイプであったことを窺わせる。

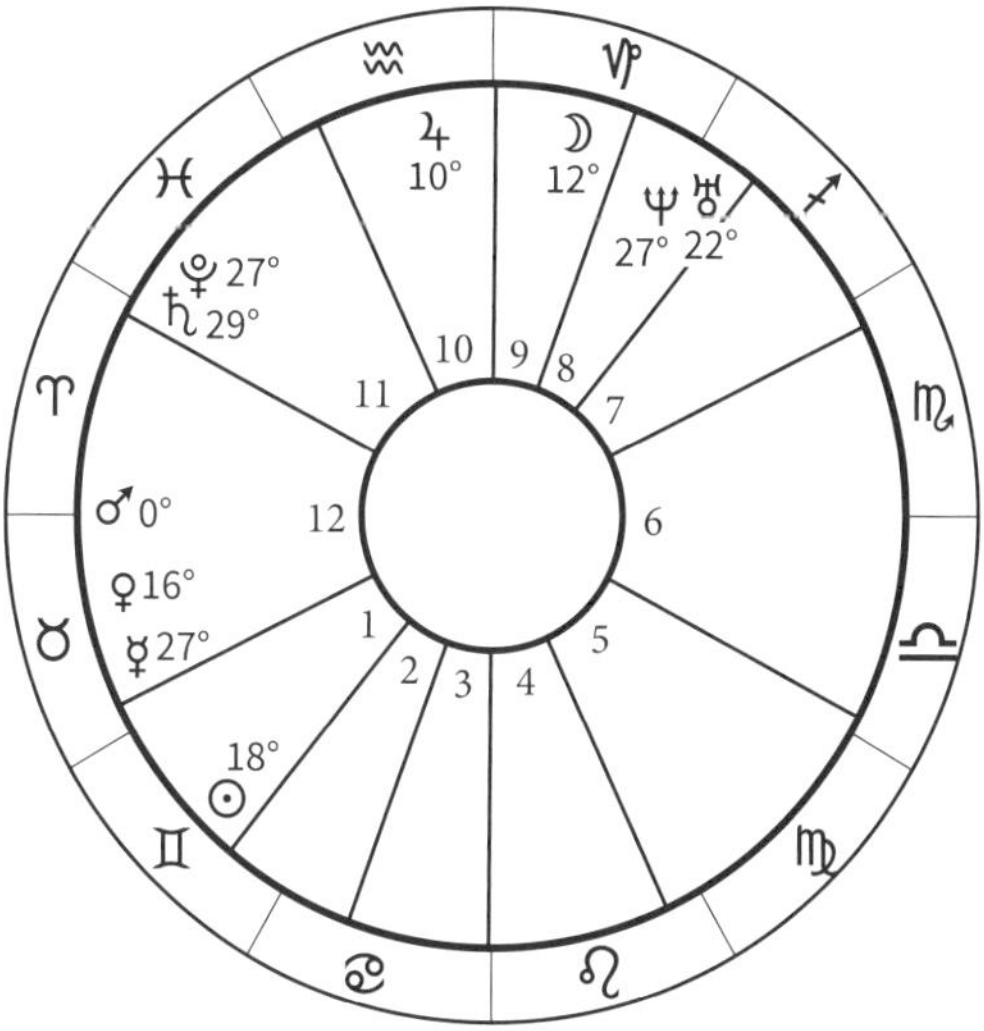

《風のエレメント》双子座、天秤座、水瓶座

風のエレメントは「思考タイプ」に相当する。風の要素が強い人は、一言でいえば、冷静で客観的な性格だ。たとえ何かに熱中しているときでさえ、そんな自分を見ているもう一人の自分がいる。そして、自分と相手、自分と世間の客観的な距離を取ろうとするのである。束縛されるのが大嫌いなタイプでもある。

また好奇心が旺盛で、さまざまなことに首をつっこみたがる。あなたにとってはコミュニケーションと学習が生きるためのエネルギーになるのだろう。

イメージとしては画家のマウリッツ・エッシャーの幾何学的な絵。彼のホロスコープを見ると、風のエレメントに多くの星が集中している。彼のだまし絵、考え抜かれた末に描かれる不思議の世界は、まさしく典型的な風の世界を表している（図表㉒）。

ただ、そんなあなたの裏面には、荒々しい感情が眠っている。突然、恋に落ちて、普段の冷静さをなくしてしまったり、いいようのない批判を相手に向けてしまったりすることもあるだろう。自分自身のなかにある、不合理で言葉にはなかなかできない感情にもていねいに目を向けていくことが必要だ。

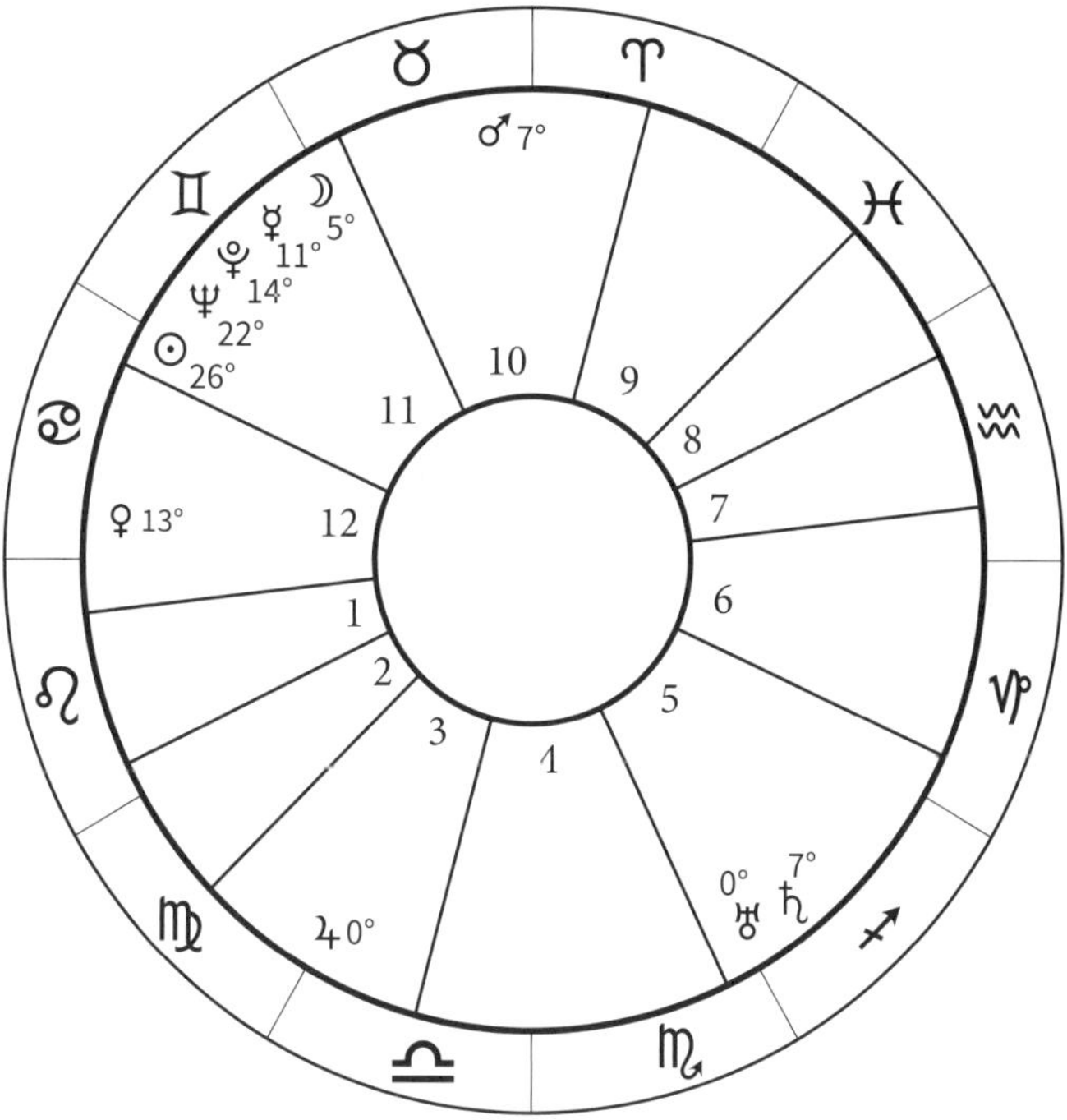

図表22 エッシャーのホロスコープ

風の星座、特に双子座に惑星が集中したエッシャーのホロスコープには、
「思考」タイプにふさわしい、論理的で緻密な作品の特徴が読み取れる。

四つのエレメント

《水のエレメント》蟹座、蠍座、魚座

流れる水は「感情タイプ」に相当する。このエレメントが表すのは、豊かな情緒だ。あなたのなかには、言葉にならない微妙な感情を感じ取る能力が強く働いている。他の人の心の動きに敏感で、困っている人がいるとほうってはおけない。何かと手を差し伸べたくなったりする。また人間関係がすべての場合において優先される。正しいことをするかどうか、ということの基準が、相手が喜んでくれるか、あるいは気持ちいい空間がつくれるかどうか、ということにかかっているのである。そんな優しいあなたは、周囲の人からかわいがられて愛されることが多いはずだ。

ルノアールの描く優美な雰囲気は、そんな水の要素をうまく表しているように思う。ルノアールのホロスコープを作成してみると、水の星座に多くの星が集中しているのがわかる（図表㉓）。ルノアールは魚座の生まれであり、また彼のアセンダントに乗った海王星は、水の星座のしんがりをつとめる魚座の支配星である。

しかし、そんなあなたの裏面には、未熟な「思考」機能があることが多い。自分が追いつめられると、突然下手な理屈をこねて、ガミガミと相手を叱責したり、理由を適当に探して自己弁護をする傾向があるのも、この星座の裏の面である。あなたは、自分のなかにある論理性や思考、客観的なものの見方などを鍛えていく必要がある。

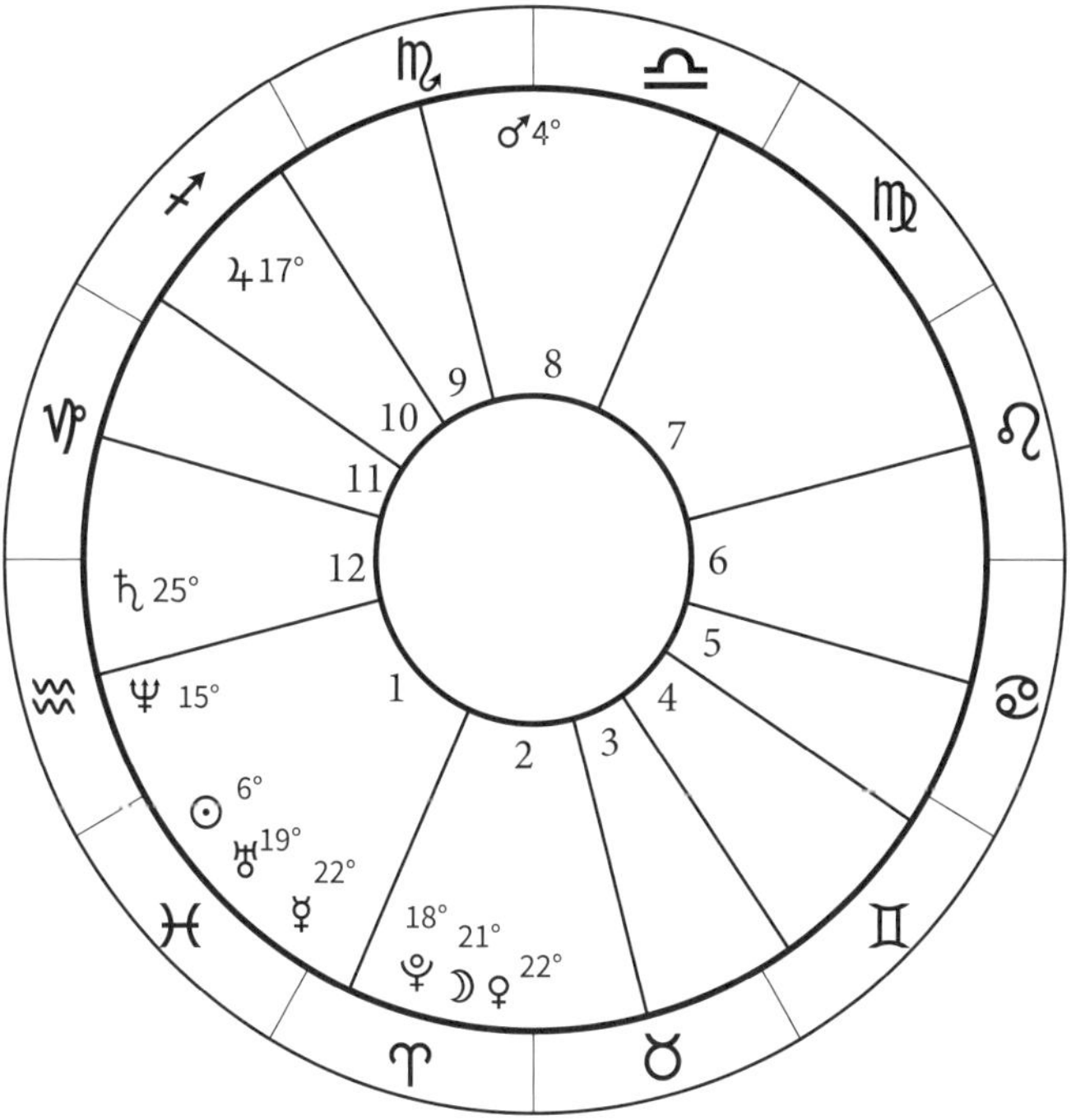

図表23 ルノアールのホロスコープ

豊かな情感を表すルノアールの作品には、水のエレメントが強調されたホロスコープの特徴がよく表れている。

他人の空似？

20世紀になって生まれたユング心理学の性格分類と古来の占星術の星座の性格分析、この二つが、驚くほど一致していることはご理解いただけただろうか※。

しかし、ユング心理学が占星術に与えたものは、このような、性格分類のカテゴリーの類似に止まるものではなかったのだ。

例えば、それだけなら、血液型の占い（これは20世紀に入ってから日本で生まれたもの）と星座占いの間に何かしら「似ている」部分がある、といった程度の類似性で話はすむだろう。場合によっては、東洋の占星術とか、あるいはタロットの象徴などともそうしたマッチングをすることが可能だったかもしれない。

いろいろな占いと占星術の象徴が似ているのは「他人の空似」にすぎないのか？

あるいは、ユング心理学と占星術のシンボリズムが似ていることも？

いや、そうではないと思う。なぜ、本来は無関係なはずのいくつもの象徴の体系——タロットと占星術、ユングの性格分類と占星術など——のなかに同じようなものが現れるか、ということがここで問題なのだ。

この問いの答えこそ、ユング心理学の核心につながっている。そしてそれが、占星術の魅力を説き明かす一つの大きなポイントになってもいるのである。

※ ユング心理学が占星術に与えた影響はよく知られているが、逆にユング心理学の成立に占星術の伝統が影響を与えた可能性が新資料によって論じられるようになってきた。リズ・グリーン著、鏡リュウジ監訳『占星術とユング心理学』(原書房2019年)を参照。

神話を読ませるユングの著書

ユング心理学の本を、どれでもいいから開いてみよう。

そのなかには、必ず「神話」という言葉が出てくる。心理学者として夢の分析をするにしても、そこではほとんど毎回馴染みのないような神話の話が登場する。

これが、ユングがわかりにくい理由でもあり、同時に魅力的な点でもある。ユング心理学者の秋山さと子先生によれば、「ユング心理学は、ユング本人が書いたものを読むよりも、その解説書を読んだほうがわかる」。せめて建前だけでも「原典を読め」というのが学問の場での常識であるとするなら、秋山さんのこの言葉は、研究者としては全く常軌を逸している。しかし、ユング自身の著作にあたった人なら、その意味がすぐにわかるはずだ。

ユング自身の著作、それも中期以降の作品は、一見すると、意味がさっぱりわからないような古代の神話の断片がつぎつぎに引用されていて、何やらとても秘教めいたものに見える。

ユング心理学の入門書が語るわかりやすい内容とは、ものすごいギャップがあるのだ。はっきりいって、ユングの本は難しい。しかもそれはフロイトとかレヴィ＝ストロースなど他の学者の文章を読むときの難しさとは全然違う。

フロイトの本は、確かに分厚くて難渋だ。けれど、文章を一つひとつ追ってゆけば、まるでよくできた推理小説のような明晰《めいせき》さと面白さがあることがわかる。

実際、フロイトの講義や文章は、実によくできていて、ぐいぐいと引き込まれてしまう。構造主義の祖である人類学者のレヴィ＝ストロースも、何だかムズカシそうで、一瞬、ひるんでしまうけれども、ちゃんと向き合えば、その論理性に加えてすごくロマンティックな感受性がひしひしと伝わってくる。彼の本が多くの人をいまだに魅了していることも、よく理解できる。

しかし、ユングはそうではない。頭で論理を追っていこうとすると、つぎつぎにまるでパッチワークのように古代の神話の断片や錬金術が現れてくる。本自体がまるで夢のようで、迷宮のなかに連れていかれる感じがするのだ。

ある学者は、ユングの本を読むのは「底のない泥沼のなかを進むようなもの」といっているけれど、全く同感。

ユングのテクストは、筋の通った論文というよりも、神話とか象徴的な素材の集積だといったほうがいいだろう。

では、ユング心理学が語ることとは、とても深遠で難しいことなのだろうか。

いいや、決してそうではない。ユングは明晰な言葉や論理で語ってしまうと、そこからこぼれ落ちてしまう「何か」があることをよくわかっていた。そこで、ユングはあえて神話を解釈しつくしてしまうことなく、神話の素材をなるべく生のかたちで並べていったのだと思う。

では、なぜ神話が大切なのだろう。このことに関しては例を持ち出したほうが早いだろう。

スター・ウォーズ！

みなさんは、『スター・ウォーズ』シリーズをご覧になっただろうか※。

僕にとっては、生まれて初めて大きな劇場で見た洋画が、このスター・ウォーズであった。

それまで特撮といえば、飛行機を吊るすピアノ線が見えてしまうような粗末なものしか知らなかった子供にとって、あのＣＧの圧倒的な迫力は、まさしく革命的なものだった。ショックだった。そして、瞬く間に僕は『スター・ウォーズ』の世界に引き込まれていったのだ。

いや僕だけではない。好みはもちろんあるだろうけれども、この映画が今でも世界中で多くの人の心を捕らえているのは間違いのない事実である。

その一方で映画評論家たちの意見は手厳しい。先ごろ公開された『エピソード1』にしても、アメリカの有力誌のレビューは、「子供じみている」とバッサリ切り捨てている。

いや、おそらく、最初の三部作が生まれたときにおいても、きっと評論家たちは同じようなことをいっていたのだろうと思う。

そう、「CGはすばらしいが、ストーリーは子供じみている」と。確かにその通りだ。物語自体はあまりにも単純。ストーリーは、シンプルにすぎる。おっしゃる通り、子供っぽい。

※ ユング派的元型論、神話論とスターウォーズの親和性についてはユングに強い影響を受けた神話学者ジョーゼフ・キャンベルが『神話の力』において論じている。ジョーゼフ・キャンベル著、飛田茂雄訳『神話の力』(ハヤカワノンフィクション文庫2010年)。なお、ジョージ・ルーカスはキャンベルとも親交があった。またユング派心理学者によるスターウォーズの元型論的分析としては Steven Galipeau *The Journey of Lake Sky Walker* Open Court 2001、占星術的なスターウォーズの分析としては Glenn Perry "Astrology as Personal Mythclogy:An Examination of Star Wars and George Lucus" in ed, by J.Kishner and Bill Street *The Astrology of Film I* Universe 2004 などがある。

しかし、ここが肝心だと思うのだけれど、そんなに「子供っぽい」話に、世界中の人が興奮し、心躍らせるのはなぜか、ということなのだ。

もう一度、物語を振り返ってみよう。

最初の三部作では、主人公ルーク・スカイウォーカーは宇宙の辺境の惑星に、育ての親とともに暮らしていた。幸せだけれど、平凡で退屈な生活。そこへ、圧倒的な軍事力を誇る、独裁主義の帝国に追われるレイア姫からのメッセージが届く。「どうか助けて」と。その声に導かれるようにして、少年ルークは、冒険の旅に出る決意を固める。そして、霊的な指導者オビ・ワン・ケノービの下で修業を積み、ついにはその若い力で巨大な帝国軍の最終兵器、デス・スターを破壊するのである。

これは、全く神話的な話だ。このシリーズにはさまざまなものからの影響が見られるが(日本の侍映画からの影響などはよく知られている)、世界中の神話のモチーフともよく似ている。

しかし、このような話がいったい、僕たちの日々の生活とどんな関係があるというのだろうか。ちょっと想像しただけでは無関係な夢物語だと思えてしまうけれど……。

実際にはおおありなのだ。

神話の物語は、決してスクリーンのなかだけで起こっているのではない。人はむしろ、神話を生きているとすらいえるのである。

ウソだと思うのなら、ちょっと思い出してみてほしい。会社や学校の先輩と、飲みにいったときのこと——。

お酒が進み、ひとしきり近況報告などがあったあたりで、先輩がこんな話を切り出す。

「いやあ、オレの若いころは、なかなか悪くてなあ」

そして、ここから過去の「武勇伝」が始まる。大酒を飲んだ話、周囲の反対を押し切って自分の好きな道を進んだ話、先輩からのしごきに耐えた話、などなど。

ひょっとしたら、あなたはもう何度も同じ話を聞いているかもしれない。それは、その先輩にとっては、何度も何度も語ってしまう話なのだ。

その話は、思うにずいぶんと「脚色」が入っているはずだ。小さなころにガキ大将だったという話もあてにならない。実際には、そんなにたいしたことがなかったり、下手をすれば反対にいじめられっ子だったということかもしれない。難しい試練とはいえ、それは他のみんなも乗り越えたことかもしれない。

しかし、そのような話は、少なくとも、その先輩のなかでは、「事実」なのであって、その先輩にとっては、今の自分を作り上げるための大切なプロセスになっている。

ところで、その話、どこかで聞いたことはないだろうか。スケールこそ違え、スター・ウォーズの話そっくりではないか。

平凡な若者、いや実際には、ジェダイの騎士の血を引く高貴な生まれの若者が片田舎に住んでいる。その世界は、彼にとってはあまりに狭く、あまりに凡庸であった。そこで、若者は危険を承知で、あるいは、うずく血に逆らえずに冒険に乗り出す。その敵は、人によっては、上司や先輩であったかもしれないし、「どうせできないよ」という周囲からの声だったかもしれない。そしてそのなかでむちゃな恋をし、周囲にやがて認められ……というストーリー。

先輩が酔っては話すこの物語は、その人にとってのスター・ウォーズなのである。映画の『スター・ウォーズ』がウケるのは、ほかでもない、人が自分の内なるスター・ウォーズを生きているからなのだ。

「集合的無意識」とは

国の別を超え、世代を超えて多くの人を熱狂させる『スター・ウォーズ』。このような物語はどこから生まれてくるのだろうか。

心理学者ユングは、それを「集合的無意識」や「元型」という概念で説明した。

ユングは、もともと精神医学者として出発するものの、精神分析に惹かれ、フロイトの下で研究を進めるようになる。

ご存知のようにフロイトは、精神分析の父であり、現代における「無意識」の概念の提唱者であった。

フロイトは、人間の「心」には、普段は意識していない、深い心の層があることを見出した。その意識していない心、すなわち無意識は、うっかりした言い間違いや自分でもコントロールできない心の動き、さらには夢や神経症の症状などのかたちで現れてくると考えた。

ヒステリーをはじめとする神経症の症状は、意識と無意識の間の軋《きし》み、その間のバランスに何か不都合なことが起こって生まれてくる、というのがフロイトの基本的な考え方であった。だから、彼の精神分析では、自分の無意識のなかに何が起こっているのかを分析していって、その軋みを修正すれば症状が治まる、というのが基本的な発想となっている。

フロイトにとって、無意識とは、その人のこれまでの経験、特に小さいころの親との関係によって形作られるものだった。

フロイト派の精神分析で、特に幼児期の親子関係が重視されるのは、そのためだ。フロイトにとっては、無意識とはあくまでも個人の体験に基づいて作られるものであった。いってみれば、これまで経験したことで、「忘れられた記憶」の残滓《ざんし》が無意識を作っているというわけだ。

ユングはさらにフロイトの無意識の概念を広げてゆく。ユングがいうには、人には誰にも教えられることなく、ある種のイメージを生み出す力がある、そんなイメージを生み出す、人類に共通の無意識の層があるということを主張したのだ(図表㉔)。

ユングは自分の患者の妄想や空想に耳を傾けているうち

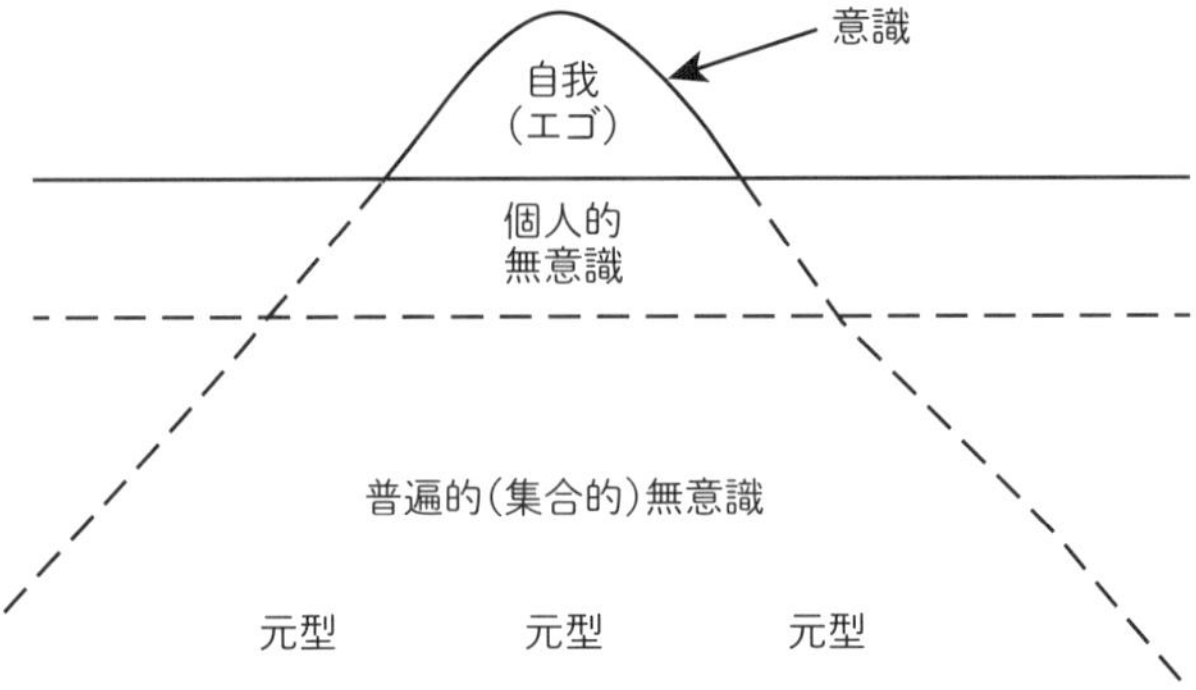

図表24 ユングの心のマップ

ユングは、人間の心（魂）を意識・個人的無意識・集合的無意識の三つの層に分けた。集合的無意識の層には神話的イメージを生み出す「元型」が存在する。

に、ある重要なことに気がついた。神話の知識など何もないはずの患者が、全く神話と同じ内容を話し出すことがあるのだ※。

ユングがショックを受けた一例は、こんな話。ユングが勤めていた精神病院で、一人、奇妙な患者がいた。

彼は、病院の窓の外を見上げては、首を左右に振っている。全く意味不明の行為だ。彼は分裂病の患者。同僚の医師たちは、それに対して、「理解不能」という、分裂病患者に貼るお決まりのレッテルを貼ってただ満足していた。

ユングは、しかし、患者に対して好奇心をそそられて、このように尋ねてみた。

「いったい、何をしているんです」

※ 惑星と神話的イメージについてはリズ・グリーン著『占星学』（青土社）、また Greene *Mythic Astrology* Newleaf 1996、Ariel Guttman , Kenneth Johnson *Mythic Astrology: Internalizing the Planetary Powers* Echo Point Books & Media; Reprint 2019 などを参照。

患者は答えた。

「あれが見えないのかね。太陽から巨大なペニスが下に伸びているだろう。頭を左右に振ると、その筒も同時に揺れる。それが風をこの世に起こしているんだよ」

当初、ユングは「奇妙なことをいうもんだ」とその話を聞き流していたという。

しかし、それから数年後、古代宗教に関する論文を読んでいたユングは、古代ギリシアの秘儀宗教の儀式文書に突き当たって愕然《がくぜん》とする。何と、そこにはあの患者の空想と全く同じ記述があったのだ。曰く、太陽から伸びる光の筒を想像せよ、それを左右に揺らせ、それにて風が起こらん、という……。

もちろん、この患者が古代ギリシアの宗教についての知識を持っていたことは考えられない。だとすれば、同じようなイメージを誰にも教えられることなく、人は生み出すのではないか。

そうしてユングは神話の研究に乗り出した。そして、ついには、世界中の神話が似ており、その共通のモチーフがあることにたどり着いたのだ。

例えば、英雄であるとか、ドラゴンであるとか、母なるものであるとか、賢者、救済者、天才的な子供……などなどだ。

これは、人類に共通するものであり、人生に対して意味を与えている。このようなイメージは、子供の空想にも、患者の妄想にも、あるいは神話のなかにも現れる。そしてそれは、圧倒的な力を持ってこの人生を衝き動かしているのである。

神話は、事実としてはウソかもしれないけれど、人の心のドラマとしては真実なのだ……これがユングの考えであった。

心のなかに神話の世界がある

ユングは、神話のなかに現れてくるようなイメージを生み出す核を、「アーキタイプ」と名づけた。

アーキタイプは、「元型」と訳されている。集合的無意識の深い層にあって、それぞれが人の経験を生み出し、色づけている。

わかりやすいところで「母なるもの」、グレートマザーという元型を考えてみよう。

人それぞれの母親は、生身の人間にすぎない。しかし、人は母親のことを考えると、なかなか冷静ではいられなくなり、情緒的な反応を起こしてしまう。

それは、生身の母親が、個人をはるかに超えた「母なるもの」のイメージを背負っているからだ。

どこまでも自分を優しく守る母親。しかし、同時に、真綿で首を絞めるように自分の独立を阻む存在。英雄は、母親の重力圏内からその「剣」の力で独立し、旅立っていかねばならない。

少年期の反抗は、このような元型的な経験でもあり、また、それは神話のかたちでは自分を飲み込んでくるような怪物退治として現れてくるのである。

自分を抑えつけてくるような、親の「重い」愛情。それを断ち切るかたちで、子供は大人になっていく。怪物を打ち倒す英雄に子供が熱狂するのは、自分の心のなかで起こっているドラマと、神話的な物語がどこかで重なり合い、そして知らぬ間に深い心の琴線に触れることになるからだろう。

ユングの考えでは、個人的な無意識の下層に、このような元型がそれぞれのかたちで配置されている集合的無意識の層がある。人は、この集合的無意識によって衝き動かされている。神話的な構造のなかに、今でも人は生きているのである。

ユングのテクストが難しいのは、このような集合的無意識のなかの元型の実在を示すこと、そして、その意味を何とか他の象徴で表していこうとするために、古今のあらゆる神話的なイメージをつぎつぎに引用しているためだ。そこでは、論理ではなくて、むしろイメージ同士のつながりとか、連想関係が先に立つために、学校で習うような考え方ではなく、むしろ詩的で、映画を見るような態度を持っていないと、かえってわからなくなるのだ。

みなさん、ユングを読むときには、「わかろう」とせずに、「味わおう」としましょう！　そして、これこそ、象徴的なものに接近する最大のカギである。

臨床に占星術を使ったユング

では、このような集合的な無意識のなかに眠る神話、神話的な元型と占星術の間には、どのような関係があるのだろうか。

占星術の言語は、改めていうまでもなく神話的なモチーフに満ち満ちている。星座、ハウス、惑星、それらは、すべて神話的なモチーフなのである。いや、ひいてはタロットも東洋の占いの易も、すべて元型から出ている。だからこそ、異なる文化圏にあっても、そこには共通項が見出せるのである。

ギリシア神話、日本の神話、『スター・ウォーズ』、そして占星術などは、ユング心理学の考えに従えば、それは同じ水脈から出てきた、何本かの支流である。その間には、同じようなモチーフ、同じようなイメージ、同じような経験の語り口が含まれているのである。

ユングは「占星術とは5千年の歴史を持つ心理学である」と述べているけれども、それは、ユングが占星術を元型の一つの美しい表現として高く認めていたことの証拠である。

実際、ユングは早いうちから占星術に凝っていて、自ら占星術が当たるかどうかの実験をしたり、また師匠であったフロイトに宛てて、「診断や治療の難しいケースに出会うと、ホロスコープを作成しています。ホロスコープには、他の手段では不可能なほど正確な、患者の状態が現れることがあります」※といった趣旨の書簡を送ったりもして、精神分析を科学的な学問にしようとして尽力していたフロイトを慌てさせている。

※　ユングがフロイトに1911年6月12日に送った書簡。

惑星の元型

火や水や地や風は、もちろん、元型的イメージの現れだった。活動・不動・柔軟の森羅万象の状態も、普遍的なイメージであろう。さらには、占星術で考える惑星もまた元型の典型的な表現であると考えられる。

早い時代から、惑星は神話の登場人物と結びつけられていたわけだし、神話がユングのいう集合的無意識の表れだと考えるのはたやすい。心理学的な占星術では、惑星は運命の支配者というよりは、自分のなかでうごめいている神話的、心理学的なエネルギー、力の源《みなもと》だと見なしている。だから、惑星のイメージを神話と照らし合わせて、これまでの平板な吉凶判断の解釈から解放していこうとするのである。

自分の心のなかにうごめいているその神秘的な力。自分のものでありながら、自分でもコントロールできない、さまざまな欲望や衝動。このようなものをこそ、古代の人々は神々と呼んだのではないだろうか。

ユング自身、「惑星は神々であり、無意識の力の象徴なのである」と、ある書簡のなかで語っている。

ここでは、惑星の伝統的な意味を、心理学的に解釈し直してみよう。これらの惑星自体は、一人ひとりのなかに存在している。それがどんなかたちで働いているか、それを占星術では、ホロスコープを通して理解していこうとする。紙数の関係もあって、ここではそれらをすべて網羅することはできない。ただ、これらの神々、元型が魂のなかで生きてうごめいているのを感じ取っていただければ幸いである。

あなたの英雄、太陽〔☉〕

占星術を看板に掲げていると、ときおり、思わぬ感情的な反発にでくわすことがある。

「占星術は、自分を何かの型におしこむような気がして。自分を決めつけられるのはイヤなんです」

その気持ちは、僕もよく理解できる。けれど、この感覚はとても不思議なものだ。占星術は、今の社会ではほとんど実際の力を持ってはいない。星座で就職を振り分けられるわけでもないし、それによって生き方を強制されてしまうわけでもない。

にもかかわらず、「あなたはこうだ」といわれたときに、誰しもが感じる、抵抗感。「自分は自分でしかない！」という、魂の反抗。自分の独自性を叫ぶ内なる声。これこそ、占星術が「太陽」と呼ぶ、神秘的な人格の中心点なのである。

エジプトの太陽神ラーはナイル川から立ちのぼり、多くの神々を誕生させた。エジプトの太陽は日々生まれ変わり、世界を新しくする。

ギリシア神話ではアポロである。アポロは生まれてすぐに蛇を殺すが、蛇は、心理学的にいえば無意識の混沌《こんとん》の象徴である。まだ意識が生まれない混沌の状態から、自分を独立した存在として分離させ、自分を創り出させようとする力こそが太陽なのだ。

いわゆる生まれ星座は、その人が生まれたときに太陽が入っていた星座のことを指すのだが、心理学的な占星術の立場では、誕生星座はその人の「性格」を意味するのではない。むしろ、その人がその人らしく人生を切り拓いていくための「流儀《スタイル》」だと解釈しよう。

例えば、牡羊座の人は、自動的に負けず嫌いで挑戦的なのではない。むしろ、人生に向かって「戦う」ことによって自分自身を作り上げていこうとする、深い衝動が魂のなかにあるのだと考えたい。

太陽の星座、ハウス、他の惑星との角度はあなたがあなたとして、この世に自分を打ち立て、表現していく、そのスタイル、その方法を示す。

内なる子供、月〔☽〕

今、あなたはこの本を読んでいる。学校で教えられるような合理的な論理の進め方とは少し違う、イメージの思考に触れて、少し混乱したり、あるいは、いわゆる「星占い」の部分がないことに驚いたりしているかもしれない。そして、ひょっとしたら、この本を投げ出して、ベッドに横たわったり、あるいは何かを食べたりしたいと思っているかもしれない。

まるで3歳の子供のように、あなたのなかの何かが、真面目な作業をほうり出して、本能のままに動きたいと騒いでいる。

占星術でいう「月」は、まさしくこの部分を指している。

太陽が理性や意識を示すとするならば、月はより本能的で無意識的、反射的な部分、いいかえれば、自分のなかの「内なる子供」なのだ。

神話では、月は母なる女神と結びつけられることが多い。しかし、母は、常に子供とセットになっている。守るもの／守られるもの、産むもの／産まれたものは、同じコインの両面であるといえよう。

月は、あなたの感情的、本能的なありようを示している。大人になってもいまだ内側に眠っている、傷つきやすくて敏感な子供。その子供がどんなメッセージを発しているのかを月の入っている星座は示しているといえるだろう。

例えば、牡羊座の月は、あなたの内なる子供は衝動的で、すぐにカッとなり、情熱的に何かに向かっていくことが必要になっていることを表している。山羊座の月は、内なる子供が、社会的に安全な秩序のなかで生きることを望んでいることを示しているのだろう。

知の神、水星〔☿〕

もしホロスコープに水星がなければ、コミュニケーションはあり得ないだろう。自分が考えていること、感じていることを知ること。考えている自分を考えることができるというこの人間の不思議な能力。文字を書き、言葉をしゃべることができるこの力は、占星術では水星によって表されている。

世界中の神話では、知性や知恵の神が登場する。ギリシア神話ではヘルメースがこの神に当たる。ヘルメースは、天界、地上、冥界の三つの世界を自由に行き来し、神々のメッセージを伝えた。また、生まれたときからアポロを出し抜くような機転の利く神であった。

内なるヘルメース、あなたの水星の入っている星座は、あなたの知性やコミュニケーションの能力がどんなふうに現れてくるか、またあなたが知性をどんなふうに持ち、何に興味を抱き、そしてどんなかたちで自分の才能を発揮したり、発達させていったりするであろうかを示すと考えられる。

愛をもたらす、金星〔♀〕

恋人たちが語り合う夕暮れどきに輝く美しい星が金星、神話のアフロディーテである。神話の世界では、アフロディーテは、ただエロティックな神というだけではなく、世界を一つにつなぎとめる大いなる愛の女神であった。

金星は、人生を楽しみ、人を受け入れ、また美しいものを作り出そうという衝動と結びついている。

もし、金星がホロスコープになければ、世界はどんなに殺伐《さつばつ》としたものになったであろうか。あなたが愛しいと思うもの。美しいと思うもの。いっときもはなしたくない、あるいは愛し愛されたいと思うとき、そこには金星の力が働いている。

ちょっとした服を選ぶときから、花の美しさに心をとめるとき、あるいは、愛しい人の視線を感じるとき、あなたの心のなかでは金星が動き出しているのである。金星は、あなたがこの世でどんな喜びを感じるか、どんなふうに深く愛するか、そしてどんなふうに相手を受け入れていくかを示している。

戦う意志、火星〔♂〕

火星は戦いの神アレスであるとされる。

あなたはただただ受動的で感じるだけの存在ではない。あなたが感じたこと、考えていることは、外の世界に向かってアクションとして起こしていかねばならない。そのための、行動の力がアレス、火星によって表されているのである。

太陽の意志、月の感情、水星の知性、そして金星の愛は、すべて火星の力に乗って、外側にアクションとなって現れていく。抑えがたい性的衝動も、火星の支配下にある。火星は必要なものだが、それはときに激烈な力となって、破壊的に働くことがある。攻撃本能、怒りなどはすべて必要なものであるが、しかし、それが暴発すると、悲惨な戦いを招く。

生命の躍動、正しい競争原理と戦争は同じ力の二つの顔なのだ。ホロスコープの火星は、あなたの力、あなたの攻撃性がどんなふうに現れるかを示す。

高みを目指す、木星〔♃〕

木星は神々の王ゼウスである。ゼウスは、すべての神の王、保護者であるとともに、浮気で貪欲な神でもあった。

古代社会で木星が「王」の星とされたのも、もっともであろう。あらゆるものを手に入れたいと思う神。あなたが「もっと、もっと」と思うときには、そこには木星が働いている。しかし、木星のこの拡大への欲求は、同時に高い理想に向かって人を進ませる。

「こんなものではないはずだ、私にはもっと可能性があるはず」

何度失敗しても、心の底から湧き上がってくるこの希望は、木星から与えられたものだと、心理学的な占星術では考える。

さらに、人間はいいものだとか、人生には意味があるとか、倫理的、宗教的な感覚もまた木星が司るものだといえよう。

水星

太陽

金星

月

土星

火星

図表25 各惑星のイメージ

惑星の神々は、それぞれ地上の出来事を支配すると考えられた。太陽は模擬戦などの遊びを、月は航海を、水星は商いを、金星は恋を、火星は戦争を、木星は豊かな実りと学問を、土星は犯罪を、というわけである。

木星

土星は大凶星か？

土星の解釈については、リズ・グリーンの解釈をぜひ参考にしたい。

リズ・グリーンの出世作は『土星』、まさに土星の解釈をめぐるものであったのだ。土星のシンボリズムについては、ここでは、他の惑星よりも詳しく見てみることにする。土星の理解は、心理占星術でも特に重要なものだとされているからだ。

伝統的な占星術では、土星は「大凶星」とされていた。一般的な占星術の教科書では土星がある位置は、人生のなかでも不運に襲われやすい領域であるとされている。

例えば、僕自身の土星は第10ハウスにあるけれども、これは「いったん権力の座につくことはあっても、そこから失墜する運命」などといわれる。ナポレオン・ボナパルトが、その代表例だというのである。

いやはや、こうした解釈では、すぐに辟易《へきえき》してしまうことになる。
「注意すれば運命は変えられる」などといっても、何だか心もとないではないか。

生理的に嫌いな人――シャドウとしての無意識

それに対して、リズ・グリーンは、土星をユング心理学でいう「シャドウ」と結びつけて、根本的にその読み方を変えたのだ。

「シャドウ」とは何か。

それは、自分のなかにあって、自分が最も見たくないと思っている部分である。恐れているもの、何か自分のなかにはないと思っているもの。そうしたものを人は誰でも抱えている。

そして、その恐れを他の人やものに投影しては、敵を作り出したりしているのである。

このメカニズムを考えるには、自分にとって生理的に嫌いな人のことをイメージしてみるといいだろう。一緒にいて、なぜか無性に腹が立つ。イライラする。その人のことだと、なぜか冷静な判断ができない。

その人物のことを思い浮かべて、どんな人か、何が嫌いかリストアップしてみよう。わがまま、ルーズ、権威的……などなど。

そして、そのリストアップされた言葉を今度はあなたの親しい友人に見せてみるといい。ひょっとして、それはあなたの一面の性格を示しているということがありはしないか?

ユング心理学では、シャドウとは、その人物が生きられなかったもう一人の自分だと考えている。それがあなたのなかにいて、ちゃんと認めてほしい、きちんと自分のなかで生かしてほしいと望んでいる。

そのメッセージが、「生理的に嫌い」であるとか、あるいは、「過度に防衛的になる」といった情緒の反応のかたちで現れてくる。

あるいは、もっと神秘的なプロセスが働いて、そうした性質を持つ人と出会って、長い時間を過ごすようになったりするのである。

リズ・グリーンは、神話ならぬおとぎ話の例を用いて土星の神秘を説明している。それは「美女と野獣」の物語である。

ご存知の通り、このおとぎ話では、お姫さまがいやいやながら、恐ろしい野獣と一緒に暮らすことを強いられる。それは実に恐ろしく、受け入れがたいものであった。けれど、時が経ち、ついにその野獣を受け入れた瞬間に、野獣はハンサムな王子へと変わる。

土星もまた、これと同じようなメカニズムを持っている。

自分が目を背けている限り、土星は野獣としての姿を見せてくるだろう。これが「凶星」としての土星である。しかし、自分のコンプレックスを受け入れた瞬間に、その土星は全く別な姿を見せてくるのだ。

土星は、錬金術では、しばしば鉛と結びつけられてきた。そして、面白いことに、黄金を作り上げるための材料は、この鉛なのである。

土星《サターン》は悪魔《サタン》ではなく、大いなる父

さらに、神話的なイメージを使って土星の象徴を解釈していってみよう。

ちなみに、このようにつぎつぎに連想を働かせて、一つのシンボルについて思いを巡らし、他の神話やおとぎ話と結びつけては、その象徴を理解していくやり方を、ユング心理学では「拡充《アンプリフィケーション》」と呼んでいる。

一つの微妙なメッセージを、連想の鎖によって文字通り、「拡大《アンプリファイ》」していく方法である。この連想によって、自分のなかの元型の深みを味わってゆくのである。

土星は、英語で「サターン」という。ちゃんと綴《つづ》れば、Saturn。長らく占星術では土星は禍禍《まがまが》しい星とされてきたせいもあって、よくその響きから悪魔（「サタン」。英語で発音すれば「セイタン」、Satan）と混同される※。

しかし、サターンは、ローマ神話のサトルヌスである。ローマ神話は、その先輩の文明に当たるギリシア神話の神々を換骨奪胎《かんこつだったい》して作られているところがあり、ギリシア神話でいえば、クロノスが、ローマ神話のサトルヌスのルーツに当たる。

クロノスとは、どんな神か。

クロノスは、大いなる父親の神だ。みなさんもご存知のように、ギリシア神話では、最高神ゼウスを中心として、さまざまな神々がその世界にひしめいている。ゼウスは、神々の住まいであるオリンポスの中心にその座を占めている。

しかし、そのゼウスとて、ひとりで生まれてきたのではない。ゼウスにも父親がいた。その父親こそ、クロノスだ。

クロノスは、女神レアと結婚して、つぎつぎと子供をもうけた。しかし、その子供

※ 土星の占星術的な意味についてはリズ・グリーン著『サターン　土星の心理占星学』（新装版・青土社2018年）、また歴史的な土星のシンボリズムについてはパノフスキー他『土星とメランコリー』（晶文社1991年）を参照。

がやがては自分の座を奪うのではないかと恐れ、子供たちをかたっぱしから飲み込んでしまった。

末の息子、ゼウスが生まれたとき、母親のレアは子供を失う悲しみに耐え切れず、一計を案じた。クロノスには息子のゼウスだと偽って、布でくるんだ石を飲ませてゼウスを救った。

ゼウスは、やがて長じてクロノスを倒し、父に飲み込まれていた兄弟姉妹たちを腹から救い出して新しい秩序を生み出したのだ。

子供をつぎつぎに飲み込む恐ろしい父。それは、新しい可能性を恐れる力の象徴であろう。

ゼウスら子供の側から見ると、自分たちの新しい可能性の芽を摘もうとする恐るべき仇敵《きゅうてき》。足もすくむような恐怖。圧倒的な力で迫るもの……。

スペインの画家フランシスコ・デ・ゴヤが描くクロノスの絵は、まさに、そんな恐るべきイメージをよく伝えている（図表㉖）。

占星術では、土星がある場所は、ただただ「凶運」なのではない。

そこには、自分の力を試してくるような、古くからの強大な敵がいる。それを前にしたときには、足がすくみ、うろたえることになる。往々にして、その現実は、新し

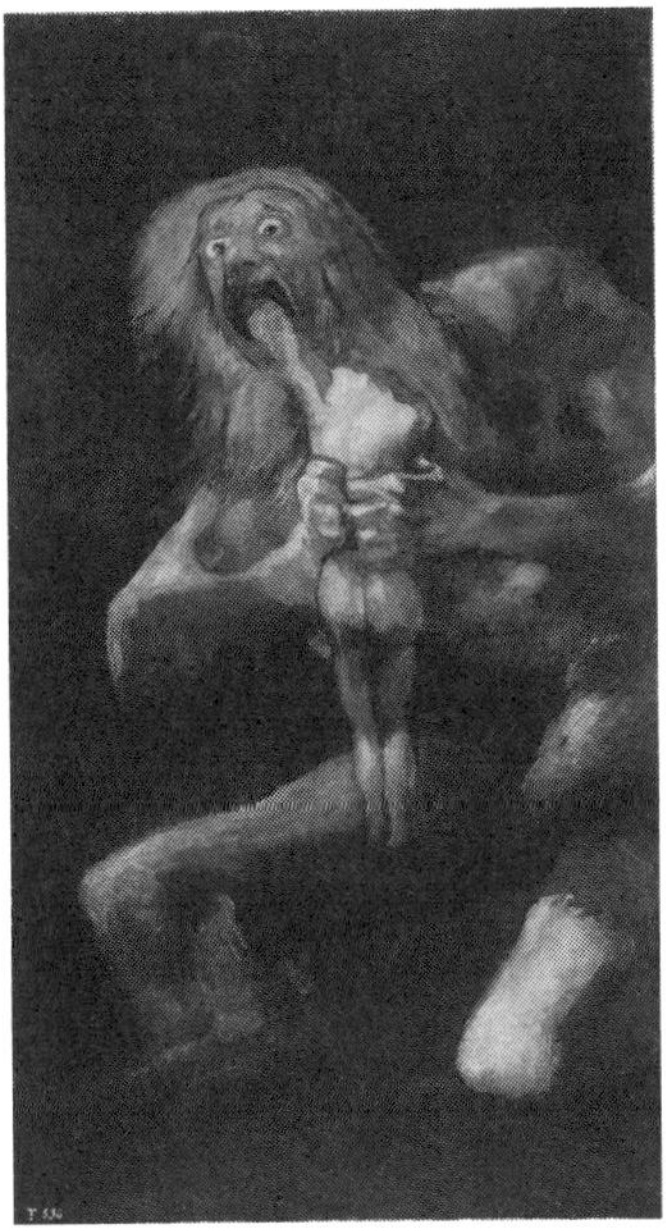

図表26 ゴヤの描く「土星」

スペインの画家ゴヤが描く、土星の神クロノス(サトルヌス)。自分の子供を飲み込む恐ろしい父親としての土星のイメージである。

い可能性の芽を奪うことにもなるだろう。

けれども、逆にその力との対決によって、新しい秩序が生まれてくることもあるのだ。

面白いのは、ギリシア神話ではこのクロノスが「黄金時代」の神ともされていること だ。ヘシオドスら神話の記録者によれば、かつて人類は病も飢えもない平和な楽園に暮らしていた。これが、黄金時代。

しかし、やがて人類は堕落し、その状態から今のような争いに満ちた時代へと転落してしまった。

クロノスは、「古い時代」の楽園へのノスタルジーとも結びついている。

いったん確立された秩序。それは、恐れを引き起こすものであると同時に、憧れの象徴でもある。

土星は、そんな複雑な心理の反応を表現しているのである。

占星術家本人とて例外ではないのだ

では、僕の場合のような第10ハウスの土星は、心理学的な占星術ではどんなふうに解釈されるのだろうか。

第10ハウスとは、一般に社会のなかで達成すべきことや天職、ステイタスなどを暗示するといわれている。

僕は、その領域で「土星」、クロノスと出会うことになるだろう。

これまでの社会のなかで一般的にいわれてきた権威。社会的なステイタス。そのようなものは、僕をおびえさせる。占星術などの、社会的には受け入れられにくいものに興味を持つのは、そのためなのだろうか。

しかし、同時に、土星の表す「影＝シャドウ」は自分自身の一面でもある。密かに、僕は自分自身が権威になろうとしてもいるのではないか。

心理占星学の第一人者リズ・グリーンはいう。

このハウスの土星は、「野心」を暗示する。しかし、その野心とは何かをなすことそのものではなく、社会のなかで何かをなしたことを示すこと、他者から認められることに向けられる、と。


強い自意識、多くの人々から認められること、そして、今度はほかの人の前で辱めを受けることへの恐れは、第10ハウスの土星の一般的な特徴だ。


つまり、第10ハウスの土星が表すシャドウとしては、権威や権力への憧れと、同時にその力への恐れなのである。

しかし、このような人物が虚勢を張ることなく、自分自身に対して正直になり、自分を開くことができるようになれば、優れたリーダーとなり、痛ましいまでの自意識は、今度は他の人への愛情へと変わっていく、と考えるわけである。

心理占星術のパワフルさは、こうして、今、原稿を書いていても思い知らされる。

このように書いていて、実際に何だかつらいし、胸が苦しくなってくる。チクチクと自分の一面をつつかれているような気になってくるのだ。

土星の神話は、これまでの自分の一つひとつのこととシンクロしてくるように思えてしまうのだ。

ここに書いていることは、赤の他人から見れば何だか抽象的だし、誰にでも当てはまるようなことに思えるかもしれない。が、実際自分の星のイメージだと思って振り返ると、そんな冷静なことはいってはいられない。自分が生きてきた「神話」が見事に浮かび上がってくるように感じられる。

もう何度も振り返ってきたことなのだけれど、いまなお、グサリと心の一番敏感な部分にナイフが突き刺さるような感じ。何だか狼狽《ろうばい》してしまって、ちゃんとこの気持ちを正直に書けないほどだ。

実際、僕自身、生意気にもこのようにして本を書いている。

メディアの世界にも、ある意味、しゃしゃり出てしまった。そのことは、社会的なステータスを得たいという欲望や承認欲求の現れではないだろうか。

そのわりには、いわゆる権威的なものに対しては生理的な嫌悪感を抱いてしまう。「成功」などをふりかざす人や政治的な権力を欲しがる人に対しては、どうしても恐れと不安を感じてしまうのだ。

しかし、これもまた、実は自分自身のシャドウではないだろうか。

また、伝統的に第10ハウスは、本人にとっての母親の状況を暗示するともいわれてきた。

プライベートなことなので、詳しいことはお話しすることもないとは思うのだけれど、10歳のときにわが両親は離婚していて、母親の手で育てられた僕には、心理的に母親との関係には、アンビバレントなものがあることは否めない。

偉そうに心理占星術の効用などを説いている身ではあるが、実際には、僕自身も、この土星を意識化し、自分のなかに受け入れることは、まだまだできていない。

リズ・グリーンは、ある程度の年齢になるまでは、心理占星術のレポートを読むことは意味がないし、あるいは危険だとすらいっている。

うーむ。さもありなん。

あまり若いと、自分のなかのコンプレックスを意識することもできないだろうし、逆に自分のなかの暗い面をいきなりつきつけられて、「寝た子を起こす」ことになってしまうかもしれないからだ。

ここまで書いてくると、あなたも自分の土星について、もう少し知りたくなってくるだろう。

ご参考までに、土星のハウス別の簡単な解釈をここで解説しておこう。

ここまででもうおわかりだと思うけれど、当たる、当たらないといった次元のみで、文章を読まないでほしい。

いや、実際、「当たっている」と感じられることも多いと思うのだが、そこで止まらないようにしてほしいのだ。

むしろ、土星のイメージを膨らませ、自分の心を注意深く、たんねんに観察していってほしい。そのなかで、自分の「土星」が見出せると思う。

それは実際にはとても難しいことだと思う。チクチクと心の痛い部分を刺激されてしまう。

自分の影と向き合うことは、一つの試練だ。その試練と向き合うには時期があり（その時期さえも占星術では、後で見るように示されてくることになる）、今、その試練に向き合うのがつらいのであれば、何もいまでなくてもいい。長い長いプロセスでいいのだ。

くどいようだが、土星の試練は決してたやすくクリアできるものではない。それは第三者から見れば些細《ささい》なことで、取るに足りないように見えることかもしれない。しかし、そのささやかな「問題」や「傷」は、あなた本人にしてみれば決して「小さな」ものとしてすまされるものではない。それはまさしくあなたの内なる「野獣」、あなたの人生という神話のなかにおける手ごわい敵なのだ。

とはいえ、冒険の神話には必ず「敵」が必要なのだ。

土星もあなたのなかのかけがえのない一部。土星と向き合い、受け入れることで恐ろしい野獣が王子に変身し、心の暗い鉛の部分から、思いもかけない黄金が生まれてくることがあるはずだ。

♍	19	8/12	♈	39	9/22	♓	64	3/24	♎	80	9/21
♎	21	10/8	♉	40	5/20	♒	64	9/17	♏	82	11/29
♏	23	12/20	♊	42	5/9	♓	64	12/16	♎	83	5/7
♎	24	4/6	♋	44	6/20	♈	67	3/4	♏	83	8/24
♏	24	9/14	♌	46	8/2	♉	69	4/30	♐	85	11/17
♐	26	12/3	♍	48	9/19	♊	71	6/19	♑	88	2/14
♑	29	3/15	♌	49	4/3	♉	72	1/10	♐	88	6/10
♐	29	5/5	♍	49	5/29	♊	72	2/22	♑	88	11/12
♑	29	11/30	♎	50	11/21	♋	73	8/2	♒	91	2/7
♒	32	2/24	♍	51	3/7	♊	74	1/8	♓	93	5/21
♑	32	8/13	♎	51	8/14	♋	74	4/19	♒	93	6/30
♒	32	11/20	♏	53	10/23	♌	75	9/17	♓	94	1/29
♓	35	2/14	♐	56	1/13	♋	76	1/14	♈	96	4/7
♈	37	4/25	♏	56	5/14	♌	76	6/5	♉	98	6/9
♓	37	10/18	♐	56	10/11	♍	77	11/17	♈	98	10/26
♈	38	1/14	♑	59	1/5	♌	78	1/5	♉	99	3/1
♉	39	7/6	♒	62	1/4	♍	78	7/26	♊	00	8/10

図表 27 土星の天文暦

簡略型の土星の天文暦。あなたの土星の星座を探してみよう。生年月日の直前の日付の土星の星座を見る。それがあなたの土星星座。1968 年 3 月 2 日なら土星は、牡羊座だ。なお、2000 年 8 月 10 日以降の方はインターネットの無料ホロスコープ作成サイトや「土星の天文暦」といった言葉で検索してみてほしい。

土星の星座の出し方

土星の星座を土星の天文暦（図表㉗）から出してほしい。

その土星が12星座のうち、どのグループにあるかを見る。また、それぞれの星座は、ハウスにも対応している。

正確なホロスコープをお持ちであれば、そのなかから自分の土星のハウスの位置も合わせて参照されたい。

心理学的な占星術では、12星座と12ハウスは似た意味を持っていると考えられているので、土星の星座、ハウスを両方考えるのである。

土星が火の星座（牡羊座、獅子座、射手座）あるいは第1ハウス、5ハウス、9ハウスにある人

火の星座は、「生命力」や「基本的な自分の意味」を表す星座だ。

一方、土星は、「境界線の星」であり、あなたの火の力を押さえつける重しの星でもある。土星が火の星座にあると、そうした生命の力を実感するのに、相当の努力がいるようになるかもしれない。

若いうちはまだいいけれど（ルネサンスの生理学者は、若いうちには胆汁や血液が満ちているけれど、そうした液は「軽い」のですぐに体から離れていってしまうと考えた。後に残るのは黒胆汁や粘液など「重い」体液である）、肉体からエネルギッシュなエレメントが欠落してゆくと、何となく空しいとか、何となくエネルギーがない、飽きっぽいといった傾向が出てきてしまう。別に生活に不足はないのだが、そこに面白みが欠けると思う――これが火の星座の土星。特に、20代後半から30代前半のサターン・リターンのときには、一気に年をとってしまったような、「本当の生き方を自分はしていない」

といった感覚となってそれが襲ってくる可能性がある。

星座別にそのような「空しさ」がどのように現れてくるか考えてみよう。

土星が牡羊座にある人は、人と自分を比べては一喜一憂しやすい。どんなにやっても自分はトップではいられないとか、誰かに支配されているのではないかという恨みのようなものを感じたり、自分は取るに足りない人間なのではないかと思ってしまう。また土星が獅子座に入っている人は、ちゃんと自分が評価されていないのではないかという恐れ。さらに、土星が射手座にある人は、自分が自由に生きられないのは環境や社会的な状況のせいではないかと考えてしまう。

そんな土星のコンプレックスを癒《いや》すのはなかなか大変だ。

くすぶり続けている火を、ちゃんとしたかたちで燃やさねばならないのだから。下手に元気な人に会ったり、ポジティブなメッセージに触れることは、あなたのなかのカラ元気を引き出すことになるだけである。

むしろ、自分の空しさの奥にある、焦りや怒りを抑えず、ていねいに拾い上げていくことで、本物のエネルギーが汲み出せるはずだ。

土星が地の星座（牡牛座、乙女座、山羊座）あるいは第2ハウス、6ハウス、10ハウスにある人

地の星座は、この世の中でしっかりと自分の基盤を作ろうとする星座である。

土星がこの星座にあることは、あなたがこの世に生きること、生存のために必要な衣食住、それを感じる体の感覚に対して非常に敏感になっていることを示す。どんなものを食べて、どんな服を着て、そしてどんなところに住むか。ひいては社会的なポジションなどについても、土星が地のサインにあるあなたは非常に気にするようになるだろう。

あなたには、安定した自分の基盤を作ることに対して、非常な渇きのようなものがある。いつも不安が去らないのは、もしかしたら、今の自分の立場とか経済的な状況がどこかで引っくり返るかもしれない、という意識があるからだ。もし、あなたが「キャリア」にこだわっているのだとしたら、それは、あなたにとって攻めという姿の守りなのかもしれない。

また、あなたが「結婚」に対して、非常なこだわりを持っているとしたら、もしかし

たら、それはあなたの生活の基盤を支えるためのものとして見ているのかもしれない。健康へのこだわりも、自分の人生に対して、一種の保険をかけるようなことであるかもしれない。

もちろん、そのような努力すべては悪いことではない。人生、この先に何があるかわからない。そのなかで準備をしておくことは大切なことだろう。

しかし、もしあなたが「この人といれば大丈夫」といったかたちで、他者に依存するようになったり、または、「マンションさえ買っておけば」という意識だけで行動してしまうのであれば、それは考え直したほうがいいかもしれない。実際には、そうした代償行為ではあなたの内なる不安は癒せないからだ。

必要なのは、何が起こるかわからない、という当たり前の現実をそのまま受け入れること。みんながそのようなことは抱えているのだから。

そしてあなたがこれまでやってきたこと、積み上げてきたこと、あなたの周囲にいる人々といった「目には見えない財産」の価値を信じることだ。

土星が風の星座（双子座、天秤座、水瓶座）あるいは第3ハウス、7ハウス、11ハウスにある人

風の星座は知性や自分の意見を表す星座である。風の星座の土星は、鋭い知性を表すものであるが、同時にそこには深い不安も抱えているはずだ。

私の考えはこうだ、けれど、本当にこう考えていいのだろうか、私って変ではないだろうか、このまま進んでいいのだろうか……という思いが生じてきてしまう。

正しく土星を育むことができた人は、冷静な判断力が持てるとても有能な人になるのだが、しかし、それはなかなか、この情報過多の時代にはできにくくなっている。情報に引きずられることが多いのだ。

何かをする前に、自分では結論が出ていながら、たくさんの人に意見を聞いて回ったり、あるいは雑誌やテレビの意見に左右されてしまったり。

「自分のことは自分で決める」なんていいながらも、いいようのない不安を抱えて右往左往するのが、土星が風の星座にあるあなたの本音ではないだろうか。そしてまた、頭のよいあなたは、それがどんなにバカげたことであるのかをも知っているのだ。

もし、あなたが女性で特定の男性にばかり惹かれて失敗しているのだとしたら、その相手は一見理屈っぽくて、ものをよく知っているような人かもしれない。あなたの考えを「そうだ」と肯定してくれたり、あるいは「絶対違う」といってくれたりする人だったのではないだろうか。そしてたとえそれがどんなに稚拙《ちせつ》なものであったとしても、あなたはその人の言葉の力強さに巻き込まれていくのだ。

逆に男性なら、「理屈っぽく」って「頭でっかちの」女性を極端に嫌ったりするだろう。

人生のなかには、曖昧で、不可解で、不条理なことがたくさんあるということを認めることが、あなたには必要なのかもしれない。

何もかもがすっきりすることなど、この世の中にはないし、誰もあなたには明確で正しい解答などもたらしてはくれないのだ。

自分のなかに、こんなにもわけのわからない感情がある。世の中には理由のないことも起こる。

それでいいではないか。そのなかにこそ、人生の面白さのようなものを感じられるだけの知性を、あなたはきちんと持っているはずなのだ。

土星が水の星座（蟹座、蠍座、魚座）あるいは第4ハウス、8ハウス、12ハウスにある人

水の星座は「感情」を司っている。

端的にいえば、人と人との情緒的な感情面でのつながりを表している星座だ。

ここに土星が入ると、そのような温かな愛情が欠落するのではないか、という不安感にさいなまれることが多くなる。

もしかしたら、自分は人に嫌われているのではないか。愛が足りないのではないか。誰かの犠牲にされているのではないだろうか。

こんな不安があなたの奥深くには巣くっているような気がする。

もちろん、大人のあなたはそのような甘えは外には出さないだろう。ひょっとしたら、「もう人なんかは信用しないの」といったニヒリズムに陥っていることがあるかもしれない。

しかし、どうもあなたのなかにはもう一人の自分がいて、もっと私を抱き締めて、と寂しがっているような気がしてならないのだ。

もし、あなたが人間関係に絶望しているのなら、そのことに気づくべきだ。

愛されるには、こういうことをしなければならない、といった犠牲的な心があなたを衝き動かし、それがかえって周囲に不安感を与えている、といったこともあるかもしれない。私がこれだけやっているのだから、とか、あなたが私を傷つけているのだから、といったポーズはあなたにとっては本当のことかもしれないけれど、実は、それは一種の脅迫になる。

同じメカニズムの脅迫をあなたも受けていることがあるだろう。いつもあなたが、何か弱くて手を差し伸べてあげなければならないような若い相手に惹かれるのだとしたら、あるいは、あなたを包み込んでくれるような理想を担っているパートナーに惹かれるのだとしたら、また、いつも高嶺の花のような相手に惹かれるのだとしたら、それは、あなたのなかの「つながりへのこだわり」や「つながりへの恐れ」を司る土星の力との関わりなのかもしれないではないか。

しかし、その恐れを上手に受け入れられれば、あなたはこの上なく優しい人になる。それでいいではないか。そのなかにこそ、人生の面白さのようなものを感じられるだけの知性を、あなたはきちんと持っているはずなのだ。

土星外惑星のシンボリズム

さらに、占星術では、土星の外を巡る外惑星も扱っている。

天王星、海王星、冥王星がその星だが、これらの星は、あまりに遠くて肉眼では見えないために、中世やルネサンスの占星術では用いられていなかった。

18世紀になって、望遠鏡の力によって、これら「トランスサタニアン（土星外惑星）」が占星術に用いられるようになったのであるが、心理学的な占星術、現代占星術ではこれらの惑星は他の惑星に勝るとも劣らぬ重要性を持つようになっている。

これらの惑星が持つシンボリズムを、ご紹介することにしよう。

革新の、天王星（♅）

天王星は、現代の心理占星術では、人類に火を与えたプロメテウスの神に照応すると考えられており、革新や現状の打破などを表す。

はるか昔、人類はいまだ文明を知らなかった。人類は火の扱いを知らなかったのだ。そこに現れたのは、英雄プロメテウスだった。プロメテウスはゼウスの目を盗み、タブーを犯して、本来神々だけの持ち物であった火を人類にもたらした。

天王星が発見されたのは1781年、アメリカの独立の直後、フランス革命の前夜である。まさにそれは、それまでの社会構造を打ち破ったことの象徴的事件であった。

現在、カリフォルニアの大学院大学CIIS（カリフォルニア統合研究所）で、哲学の教鞭を執っているリチャード・タルナス博士は、占星術の強力な擁護者であるが、科学や文化の面で大きな改革をなしとげた人のホロスコープで、天王星が極めて重要な位置にあることを豊富な例で示している。

例を挙げるなら、フロイト、ニュートン、ガリレオ、コペルニクス、ユング……などなどだ。

天王星は、あなたの人生のなかで改革すべき部分、あなたが自分を変革させてゆく部分を示している※。

夢見る星、海王星（♆）

海王星は、イマジネーションやロマンを司ることになる。

海王星は、神話では「海」のシンボリズムと深くつながっている。海は心理学的には深い無意識の象徴である。

海王星の働きは、意識と無意識の境界線を消していくところにあるといえる。あらゆる物事を曖昧にしていくのだ。

例えば、恋の酩酊《めいてい》とカルト宗教に入れ揚げている状況との区別は誰がつけられるだろう。どちらも、現実離れした状況にいる。そして、そのときにこそ、是非はともあれ、「現実」では見えないような美やロマンが生まれてくる。海王星は、このような、現実を超える何かを人に見せる力を持つと考えられる。

海王星が強い人を歴史上からピックアップするなら、われらがユングがそうだ。太陽と海王星がユングのホロスコープではぴったりと90度をとっている。人によってはユングをどうしようもない神秘主義者だと考えているし、また他の人々は彼を一種のスピリチュアルな指導者と考えている。

ほかには、多くの芸術家たち。音楽家たちを見れば、モーツァルト、ヘンデル、ハ

※ Richard Tarnas *Prometheus the Awakener* Spring Publications 1995

イドン、シベリウスなどなど、それこそ数え切れない例が太陽—海王星の角度関係だけで浮かび上がってくる※。

この現実を超えた何か、それが海王星の鍵となるもののように見える。

死の世界へ誘う、冥王星〔♇〕あるいは〔⯓〕

冥王星は、扱いが難しい。神話的には、冥府（あの世）の王である。この世の根本的な変化を支配している星なのだ。

実際に「死」の経験を表すことも多い。エリザベス・キューブラー・ロス博士の名をご存知だろうか。

ロス博士は、いわゆるターミナル・ケア（末期医療）の先駆者であり、多くの死にゆく人々を勇気をもって、そして愛をもって看取り続けた人だった。彼女のホロスコープを見ると、蟹座の太陽が冥王星と同じ位置にある。すべての人に母（蟹座）として死の極限まで向き合う状況が極めてうまく記されているのである。

しかし、すべての人がロス博士のように、冥王星の状況と向かい合うことができるわけではない。

そこには多くの苦痛、どうしようもない無力感などが出てくる。

実際の死と冥王星がからむことも多い。最近の例では、ケネディJr.が飛行機事故で亡くなったときには、冥王星は彼のホロスコープの天底をぴったりと通過していた。同時に冥王星は、アメリカ建国時のアセンダントの上を通過してもいて、これはアメリカの国民の自己イメージに、重く悲しい死の影が重なったことを示しているように見える。

しかし、心理学的には、「死」は文字通りの死を表すばかりではないのだ。

※ Liz Greene *The Astrological Neptune and the Quest for Redemption* Red Wheel/Weiser 1996

むしろ、物事を根本的に、深いレベルから変容させることを意味する。死と再生の経験は、あなたを新しくするきっかけになる……とはいえ、やはり冥王星の領域がおいそれと扱いきれないものであるのは確かだ。

僕自身、多くの占星術ファンの方から、冥王星についてレクチャーしたり本を書いたりしてほしいという声を聞くのだが、どうもその準備ができていないと感じてしまう。

率直にいうのだけれども、冥王星はやはり重い。この星は「個人ではどうしようもないこと」、宿命の持つ圧倒的な力を、経験としてもたらしてくるように思えてしまうからだ。

社会的レベルでも、冥王星はその圧倒的な力を振るっているのがわかる。

冥王星は一つの星座を14年から30数年かかって通過していくが、そのときにその星座が支配する領域を根底から揺るがす。

冥王星が蠍座にあったときには（1984年から95年）エイズが注目され、蠍座の表す「死とセックス」がクローズアップされた。また、冥王星が射手座に入った96年以降、宗教や教育の領域で根本的な見直しが迫られているのは、不思議な符合であろう。ちなみに射手座が表すものは、「宗教、教育、哲学」である。

意味のある時間、カイロス

占星術が「占い」というからには、未来を予知することも考えなければならない。

では、この部分を心理学的な占星術では、どんなふうに考えているのであろうか。

もし、「あなたはいついつ結婚しますよ」というふうにいってしまったのでは、単なる占いと変わらない。予言ではなく自分の世界を広げていくように、占星術を使うべきである——心理占星術ではそう考えるのだ。

そこで心理占星術では、心の「成長」ということを考える。いつ、どのように心が成長していくかを星のシンボリズムを使って想像していくのである。

僕は占星術のテキストを通じて「カイロス」という概念に初めて出会って、えらく驚いた。

古代ギリシアでは、時間を何種類かに分けて考えていたらしい。その証拠に「時間」に相当する言葉に、「クロノス」と「カイロス」の二つがあるというのだ。

「クロノス」とは、神話の時間の神でもあり、また、今の英語の「クロック」の語源ともなる言葉で、いわゆる計量的な、ただただ流れる無機質な時間を指す。時計で計れるような時間といえばいいだろうか。

一方で「カイロス」とは意味のある時間とかチャンスという意味である。あのとき、あのタイミングであの人と出会っていたから今の自分がある……もし、あなたがそう感じているのなら、それこそ、そう、その時間こそが「カイロス」なのだ。

占星術では、そんな「カイロス」、あなたにとっての意味のある時間を考えていくことになる。

科学の世界では、時間はただただたんたんと流れてゆくものだけれども、心の世界ではそうではない。人生は、ただ平坦な道程ではないのだ。

人生には、いくつもの段差があったり曲がり角があったりする。一人ひとりの人生は、それぞれ違っているので、どんなコースが待っているのかは誰にもわからない。けれど、どんな人にも転機があるのは事実で、そのターニング・ポイントを上手に越えていくことができるかどうか、というのは、とても重要なテーマであるように思われるのだ。

ユング心理学では、このような成長を「個性化の過程」と呼んでいる。人が自分らしくなるプロセス、自分が自分になってゆく、この神秘的なプロセスを、ユング心理学では何よりも大切にしている。

心理占星術では、このプロセスを星に重ね合わせて考えている、というわけである。

ユングの考えでは、一人ひとりの心のなかには、無限の可能性が隠されている。が、それはまだちゃんとしたかたちをとっていない。それが経験を積むうちに、次第に発達していって、より個性的で自分らしい現れ方をするようになる。

しかし、それはスムーズに、なだらかな曲線を描いてゆくようなものではない。子供から大人へとか、少女から女へ、という切り替えのときには、それこそ大変な変容の時期が待っているのだ。

そんな人生の上での変化のプロセスは、季節にでも重ねるとわかりやすいだろう。夏から秋に変わるときに、衣替えのタイミングを間違えると風邪を引いてしまう。同じように、秋と冬で同じものを食べたり飲んだりしていては、体の調子を崩してしまう。それと同じように、人生の四季も上手に見定めていかなければならない。

けれど、その季節の見極めというのはなかなか難しい。

昔の社会はまだよかったのかもしれない。「何歳になったらこうするべき」だという規範がちゃんとあって、それに見合ったような儀式が強制的にほどこされるようになっていた。しかし、個人の自由が大切にされる現代では、自由になったのはいいけれど、そんな成長までも、自分でタイミングを見極めて、自分でやっていかねばならないのだ。

モラトリアムとか、自分探しの旅などといったことが問題になるのは、そんな「通過儀礼」の儀式が力を失ってしまったことと深い関係があるといえるだろう。

子供から大人へ、そして今度は人生の後半、さらには老年期の始まりへ。そんな通過点を通らなければならないときが誰にでもやってくる。

ライフサイクルと心理占星術

現代の心理学では、それを「ライフサイクル」の変化の時期と呼んでいる。

ユング心理学以外の分野でも、このライフサイクルについては深く研究がされている。イエール大学の高名な心理学者ダニエル・レヴィンソン博士は、40人に詳しくインタビューし、どのような時期にどのような心理的、身体的変化があったかを調査した。78年にはその成果を『ライフサイクルの心理学（The Seasons of a Man's Life）』という本にまとめている※。

この本は、いまや心理学の世界では一つの古典ともなっている名著。そのなかで、レ

※　ダニエル・レビンソン著、南博訳『ライフサイクルの心理学（上・下）』（講談社学術文庫１９９２年）

ヴィンソン博士は、人生を次のようなステージに分けた。

1　児童期と青年期／0歳から22歳
2　成人期前期／17歳から45歳
3　中年期／40歳から65歳
4　老年期／60歳以降

博士はまた、2の成人期前期を二つに分けてもいる。その境目となる、30歳のころを指して「30歳前後の過渡期」と呼び、ことさら重視しているのである。

もちろん、これはアメリカでの研究だが、十分、日本でも通用するように見える。

実に不思議なことだが、これは占星術の伝統的な年齢区分、人生のサイクルの変化の時期と完全に合致している。

占星術では、太陽系を巡る大惑星の周期と人生を重ね合わせている※。

そのなかで特に重要なのが、木星、土星、天王星の三つ。

例えば、木星は12年が公転周期。となると誰でも12歳、24歳、36歳……のときに木星はリターンすることになる。この時期は、誰しも自分の活動範囲を広げていくときとなるだろう。日本でいう「年男」または「年女」だ。

同じように土星は29年から30年周期なので、29歳から30歳のときに人は「土星回帰《サターン・リターン》」を迎えるわけだ。これが、実に重要なターニング・ポイントになると占星術では考えるのだ。

土星は、先にも詳しく述べたように「現実」の星。土星が回帰するときには、現実

※ 現代占星術において、ライフサイクル、ステージと惑星サイクルを結びつけた先駆的、重要な著作としては Alexander Ruperti *Cycles of Becoming* CRCS 1978 を真っ先に挙げることができる。

との軋轢《あつれき》に直面することが多い。実際、この占星術のセオリーの通りに、土星回帰のときに大きな決断を下したり、環境を変えたりする人が多いということも、イヤというほど見てきた。

僕自身の例を挙げるなら、土星回帰の時期である29歳のときにこれまで「バイト感覚」でやってきた占星術がらみの仕事を「一生のもの」にしようと決意して、周囲に表明したときでもあった。

仕事そのものは、学生時代からやっていたし、それなりに仕事もいただいていたので、「バイト感覚」などといえば、しかられてしまうことになるのだろうけれども、それでも、どこか「これは仮の仕事」というモラトリアムな感覚があったのも確かなのだ。一生この仕事を続けるかどうかは別にしても、自分の「仕事」として、占星術がらみの作業を真面目に見つめるようになったのは、まさにこの年のことであった。

天王星の場合には、その周期は84年。84歳のときは、一生を振り返るときとなるだろう。その半分の42歳のときは、いわゆるミドル・エイジの危機。人生のこれからに向けて、きちんと軌道修正を迫られるときとなるだろう。このサイクルは日本でも厄年といわれていて興味深い。

また知人の例では、創立から関わり、長年勤めたテレビ制作の会社を辞めて新しい会社を独立して興した、という人もいる。テレビは電波と関係があり、電波は占星術では天王星が支配する。これなども、天王星のハーフ・リターンと見事に符合するという例であろう。

そんなサイクルの上で、重要なタイミングをピックアップ、解釈してみた。これについては、次項を見ていただきたい。

☆21歳前後

天王星のサイクルが84年だから、天王星が4分の1周するときが、この年齢。また土星も4分の3周して、もともとの位置に対して90度。人生のなかでもとても大きな時期に当たる。

この時期は、「社会との初めての軋轢」のとき。天王星は変革の星。大人たちのいうこともっともっともだけれど、自分は自分の考えでいく、という気持ちが燃え立つ。けれど、プレッシャーの星・土星が表すように、それを大人社会は完全には認めてくれない。学生の人は社会へと一歩を踏み出して初めての壁にぶつかるとき。すでに働いている人にとっても、最初の社会のなかでの圧力を受けるようになる。また、早い人なら、この年齢で結婚をする人もいるかもしれない。

レヴィンソン博士が「成人期への過渡期」と呼ぶこの時期は傷つきやすい少年

少女から大人の世界へのステップなのだ。

このときには責任感を持つ、というのも大切だが同時に、失敗ができるというのもこの年代の特権だと思う。焦らず、自分のなかのわがままなまでの気持ちを大切にしてみてはいかがだろう。

またこの時期を過ぎ去ってしまったあなたは、この時期の燃えるような気持ちを思い出すことで、今の状況にエネルギーを注ぐことができるかもしれない。

☆29歳から30歳

レヴィンソン博士がいう、「30歳前後の過渡期」だ。占星術では、土星がホロスコープを1周する、とても重要な時期。これを「サターン・リターン」と呼ぶ。

サターン・リターンの時期に起こることはさまざまだ。女性であれば子供ができるころかもしれない。結婚する人もいるだろう。キャリアを目指している人であれば、部下ができて、初めて本当の意味での責任を感じるようになるのかもしれない。まだまだ若い、人生のトライアルの時期だ、という気持ちにもそろそろ踏ん切りをつけねばならない。

若い世代はまだあなたのことを「兄」や「姉」と思ってくれるであろうし、そのことでほっとするかもしれないが、昔と同じようにはいかない。かわいいだけの男の子、女の子ではいられず、ときには疎まれたり嫌われたりするのを覚悟してまで自分の意見を打ち出していく必要がある。これまでに自分をきちんと築き上げていなかった人は、ここであわてふためいたり、転職や人間関係不振、体調のトラブルなどさまざまな現実と直面させられることもあるだろう。痛い思いをしながら「地に足をつける」ようにさせられるのだ。

けれど、この時期は悪いことばかりではない。今後の人生をしっかりとしたものにするための、調整期間でもある。これまであなたが避けてきたこと、目を向けなかったこと、自分のなかの影の側面などに勇気を持って目を向けることができれば、この時期はあなたの今後を実りあるものにしてくれることだろう。また、これまでにあなたがなしてきたことの成果が出てくるころでもある。

その意味で、30歳前後は「第二の成人式」でもあるのだ。

☆ 36歳

幸運の星・木星が三度目の正直であなたの生まれた位置に入ってくるとき。これは12年サイクルで巡ってくる木星のリターンでも特に重要な時期だ。

木星は拡大と発展の星。働き盛りとなったあなたは、ここでもう一度人生を広げることができないか、考えてみることになるだろう。旅行に出たり、マンションや一戸建てを買ったりする人もいるかもしれない。

女性であれば子供が少し手を離れたことから、再び仕事を始めたり、またもう一度教室に戻る、ということもあるかもしれない。進む方向はさまざまであろうが、もう一度、あなたの人生のなかに種子をまくのにとてもよい時期だ、というのは占星術が教えるところなのだ。

☆41歳から45歳ごろまで

いわゆる「厄年」であり、心理学でいう「中年の危機」に当たる。

平均寿命でいえば、人生の半分のあたり。ここから、人生は折り返し地点に向かっていく。心理的な面は当然、体調にも注意をすべきとき。精密検査も欠かせないときだ。

土星、天王星が重要な位置を通過するこの時期には、人生の方向をどう転換していくのかを考えるときになる。

離婚、再婚する人も多いし、自分や夫が転勤したり、あるいは自分の仕事上で大きな変化を迎えることもある。

少し抽象的な言い方になるが、この時期に必要なのは、「増やす」ことや「広げる」ことではなく、いかに「減らす」か、そして、「深める」かということにかかってくる。切ることは、結ぶことよりも、ときにエネルギーが必要。けれど、そのことから得られるものも大きい。

★60歳

木星と土星が同時に回帰するとき。いわゆる、「還暦」に当たる。

昔の人は、ここで人生を「上がる」と考えていたが、今では全くそうはいかない。むしろ、第二のスタートの時期だといえるだろう。

おおむね、子供も独立し自分の人生を歩き始めるときである。

その一方、まだまだ自分の体も元気。そのときに、今度は自分のために何ができるのか、そして社会に対して何ができるのか、を考える時期に入っていくのだろう。

ここからの人の生き方はさまざまである。願わくは、木星の持つ「未来を信じる気持ち」を若者に伝え、土星の持つ「大人の責任」を生き、そして天王星の持つ「物事を変えていく勇気」を胸に携えていくことができればよいと思う。

もちろん、ここに挙げたのは、あくまでもライフサイクルの「目安」にすぎない。

15歳で本来42歳の人が悩むような悩みを抱える人もいるだろうし、四十代でティーンのような恋の悩みに煩《わずら》わされる人もいるかもしれない。それほど、人の心はわからないものだ。

けれど、もし、あなたが何か悩みを今抱えているのなら、そしてそれが自分の「齢」といささかでも関係があると思うのなら、この星と照らし合わせてみてもらいたい。人生の季節を味わうためのヒントがきっとあると思う。

「私とは何か」を超えて

あなたの性格、そしてあなたの人生の成長のプロセス。こうしたものが心理占星術では、こと細かに明らかになっていく。

ここでご紹介したのは、そのごく一部にすぎないのだが、統計や科学的な言葉ではなく、あなたの「心」の奥に迫る心理占星術の世界の一端をご理解いただけたのではないかと思う。

しかし、このような心理占星術には一つの限界がある。それはあらゆる物事を「心理学化」してしまうという危険性である。

何だか、こうした考え方をしているうちにすべてが「心」のなかにある、すべてが「内面」の問題であるかのような気になってしまう。そして、いつまでも「私とは何か」

という問いにばかり意識が向いていってしまう、というきらいが出てくるのだ。これではは「自分探し」に走り回る現代人の悩みを深めるだけではないか。

次には、そんな「心理学」を超えていく占星術について考えていくことにしようではないか。

第4章

神々との語らいとしての占星術

運命を決めた夢

「予言」のツールとしての占星術から、「心理占星術」への転回はこの古《いにしえ》のアートを運命論から解放することができた。

心理学的な占星術は、ただ「占い」ばかりではなくて、豊かな神話世界だとかさまざまな心理学の理論などを僕に教えてくれた。これは、とてもスリリングでエキサイティングな知的冒険だったたし、また同時に、実際、苦しいときにとても「役に立った」。

僕自身、いくつかの「危機的状況」があった。すぐに思い出せるのは、大学院を出たときのことだろう。

僕は早い時期からマスコミの世界で仕事をしていたのだが、同時に、アカデミズムの世界にも籍を置いていた。いわば、「二足のわらじ」を履いていたわけである。

しかし、重要な転機は、修士論文を書き終え、さらに助手を1年やったときにやってきた。

メディアでの活動が次第に派手になってきて、どっちが本業かわからなくなってしまったのだ。

大学の先生は、雑誌なんか読まないだろう……そうタカをくくって、占いコラムを書いたり、本の翻訳をしたり、バイト感覚でやっていたのだ。

それでも、メディアのなかで「鏡リュウジ」が大きく取り上げられるようになるにつれて、雲行きが怪しくなってきた。先生たちも、当然、僕の「課外活動」を知るようになる。しかも、それが占いなどという怪しいものだから、コトはややこしい。

自分でいうのもなんだけれど、僕は大学院での成績は悪くはなかったし、先生方もずいぶん期待してくださっていたように思う。しかし、仕事が忙しくなるにつれて、論文を書いたりする時間がなくなってきたのだ。

これではどっちが本業かわからない。指導教官たちもずいぶんと心配してくださって、「もうそろそろ辞めなさい」と勧めてくださるようになった。

しかし、これはなかなかできない相談だった。

何しろ、僕は物心ついたときから、占いの世界にいた。ただ、そのなかにどっぷりとはまりこむのではなくて、「占い」などというややこしいものに興味を惹かれてしまうという自分にコンプレックスも持っていて、何とかその自分に言い訳をしようとしていたところもある。

この葛藤が、占いやユング心理学に僕を向かわせる原動力であった。「占い」の世界は、僕のアイデンティティー重要な一部をなしていたのだ。しかもそれは、ただの知的な好奇心であるにとどまらずに、占いの実践や執筆も含めての話だったのだ。

アカデミズムのコースをそのまま進むか、あるいは、いったん社会に出るか。

何とかだましだまし、前者の道を進もうと考え、先生のところに「メディアでの活動を辞めて勉学に励みます」と報告しにいこうとしたその前夜。そのときにこんな夢を見た。

夢のなかで僕は、外出先から自分のアパートに帰ってきた。見慣れた部屋に、見慣れた光景。けれど、何かおかしい。見知らぬドアがもう一つあるのだ。そのドアは、ほこりにまみれた、使っていない部屋に続いていた。

「なーんだ、僕の部屋はもっともっと広かったんじゃないか」

何だか得したような気になって、その部屋に入っていった。ここには、まだまだ本が置けるな、なんて考えた。実際、僕の部屋は今でも内外の資料に埋め尽くされていて、友達も呼べない状態。

と、突然、「カタカタ」と音がする。コンピュータに接続されているプリンターが勝手に動き出しているのである。

な、なんだ？　と驚いて、そのプリンターのほうを見る。すると、そのプリンターは、つぎつぎにホロスコープを吐き出していたのだった。

ここで、目が覚めた。

その朝、僕は、決めた。

先生には、今の仕事を続けること、そのためにいったん大学からは籍を抜くことを報告するようにしよう、と。

夢のなかで「使われていない部屋」は、無意識、自分のなかで抑圧しようとしている部分を示しているといえる。

そのなかでは、コンピュータが暴走して、勝手にホロスコープをつぎつぎに吐き出しているのだ。

もし、僕が自分の心にウソをついて、「占い」の世界を締め出してしまったら、使われていない僕の部屋は、無限に吐き出される、誰にも読まれることのないホロスコープで一杯になってしまうだろう。そしてそれはやがては溢れ出して、収拾のつかないことになるに違いない。

その前に、もう一度、占いをする自分の場所をちゃんと維持していかなければいけない、と思ったのだ。

土星に救われる

こんなふうにいうと、カッコいいことばかりに聞こえるかもしれないけれど、実際にはそんなものではない。

「大学から離れる」という宣言をしたとき、僕は大混乱状態に陥ってしまったのだ。

幸い、原稿執筆の仕事はそのころからたくさんあったし、生活に困ることはなかったのだが、生まれて初めて「身分」がない状態になってしまったのが堪《こた》えた。

最初に思ったのは、「身分証明書がない」ということだった。

まるで足元が崩れてゆくような不安感に襲われたのだ。

今から思えば、自由業の人はたくさんいるわけだし、むしろ、仕事がある僕の状況はとても恵まれていたといえるのだが、当時の僕はそんなことは考えられなかった。

学生時代の友人たちは、それぞれきちんとした仕事をしている。正直、とても焦った。

深く暗い、一種の鬱状態に落ち込んでしまったのだ。

そんなときに、僕は自分のホロスコープを見て、まさしく土星が重要な位置に巡ってきていることを発見した。

それまで頭だけで理解していた土星のシンボリズム——闇《やみ》、現実とのせめぎ合い、暗さ、時間がない、という感覚、それに孤独、鬱——が、まさしく現実のものとなって迫ってきたのである。

しかし、それは同時に、自分の人生のなかで、自分の弱さや影の部分と向き合う重要なプロセスであることも占星術では教えていた。そんな「知識」は現実を変えることはなかったし、また頭で理解していても不安や恐れは消えることはなかったのだが、それでも土星のシンボリズムに前もって親しんでいたことは、僕にとっては大きな助けとなった。

もし、このときに占星術のシンボリズムを知らなかったら、と思うとぞっとする。

例えば、僕はこの土星を外側に投影していたかもしれない。

土星の神話、クロノスの話を思い出してほしい。クロノスは、つぎつぎに自分の子供たちを飲み込んでいった。これは、神話的なかたちで「権威による新しい可能性の抑圧」の体験を語っているように見える。もし、僕が「子供」の側に立って、「恐ろしい父」としての土星を外側に投影していたら、指導教官や学校の制度そのものを「頭が固くて保守的」とけなし、攻撃的になっていたかもしれない。

また土星の持つ恐れや不安を自分自身に向けていたら、全くの鬱状態に入り込んで、例えばアルコールなどに逃げていたかもしれない。伝統的な占星術では、アルコール依存症は酩酊の星、海王星が支配するとされているけれども、リズ・グリーンは土星こそ、何らかのアディクションに重要な役割を果たすといっている。その意味も、今ならよくわかる気がする。

ともあれ、僕は土星のシンボリズムを心の片隅において、また多くの友人たちの力を借りながら（これも大きかった）、その心の危機的な状態を何とか乗り切ったのだ。

そして、そのころから、逆に自由な立場で国内外の大学の関係者と交流を持つことができるようになったから、不思議なものだ。

このような体験は、僕には何度かある。心理学的な占星術は、決して「一錠で暗い気分を吹き飛ばす」抗鬱剤のような効果はないけれども、自分の心のなかで起こっていることを、神話的なイメージでじっくりと見つめ直してゆくツールになるという点では、実に有効だし、パワフルなのだ。

これは、統計科学の問題ではない。少なくとも、個人にとって、シンボリズムを受け入れることができれば、このシステムは、他のどんなセラピーにも負けず劣らず、心を見つめ、それを癒してくれる営みになるのである。

心理占星術は退屈？

こんなふうに話していると、占星術がまるで心理療法の一ジャンルのように思えてくる。

実際、僕もそう考えていた時期がある。

占星術が扱うものは、「心のなかのエネルギーのパターン」である。当たったり外れたりすることにばかり一喜一憂しているような占星術は、過去の遺物のように思っていた。

リズ・グリーンは、いっとき、「心理療法の訓練を受けたことのない占星術家は、詐欺まがい」と述べて、イギリスの占星術世界に大きな波紋を投げかけたことすらある。

このような心理占星術全盛時代に、しかし欧米では「保守反動派」とも呼べる占星術が静かに復興しようとしていた。

それは、「伝統的（古典的）占星術」と呼ばれる流れである。そして、それは、占星術に対するイメージをがらりと変えてしまうような特色を持っていた。

「伝統的占星術」との出会いは、1990年のことだ。その夏、イギリスを訪れていた僕は、英国の占星術団体「カンパニー・オブ・アストロロジャーズ」の主催するイベント、リリー記念日の集いに加わっていた。

リリー記念日とは、17世紀の偉大な占星術家ウィリアム・リリーを偲《しの》んでおこなわれる集いである。リリーは、占星術の暦を出版して大ヒットさせた上、またロンドン大火を予言したことでもよく知られている。英国占星術の偉大な伝統を思い起こそう、ということなのだ。その年は、ロンドン郊外のリリーの墓を訪れるツアーが開催された。

そこで、僕は一人の老婦人と出会う。髪を美しく紫色に染めた、意志の強そうな女性だった。年齢の上でも彼女が参加者のなかでは最年長であり、周囲の人々が、彼女に一目置いているのは、まだ言葉がおぼつかない僕から見ても明らかだった。

彼女は、日本から来た学生の僕に声をかけてくれた。

「ところで、あなたはどんな占星術に興味があるの？」

待ってました、とばかりに僕は答えた。

「もちろん、心理学的な占星術です！」

なにしろ、僕が夢中になっていたのは、占星術の心理学的な応用。最新の欧米のトレンド。ここでちゃんとこういうアピールをしておかなくては。

しかし、この答え、今から思うと顔から火が出そうな思いに駆られる。そのご婦人こそ、オリビア・バークレー女史、伝統的占星術復興の立て役者であったからだ。

「心理占星術？　ああ、私にはとても退屈だわね。私なら、ホラリーを学ぶことを勧めるけれど」

バークレー女史は、そう返してきた。

「ホラリー占星術」というのは、僕も耳にはしたことがあった。それは、生まれた時間ではなく、クライアントから「質問が出た時間」をもとにしてホロスコープを作る。そして、そのホロスコープをもとに、いなくなったネコの居場所や自動車のカギのありか、結婚の成否などを具体的に占ってゆくものなのだ。

まさにそれこそ、「当たる当たらない」の占いごと。心理占星術の分析の深さを知り始めた僕には、全くの時代錯誤にしか思えなかったのだ。

バークレー女史のこの言葉を耳にしたときの、僕の狼狽《ろうばい》ぶりを想像してみてほしい。なにしろ、最新の潮流であったはずの「心理占星術」が「退屈」だというのだ。いや、ひょっとしたら、僕のヒアリングがおかしかったのだろうか。

けれど、確かにバークレー女史は、「退屈」だといったのだ。

ちょうどオリビア・バークレーの著書『再発見されたホラリー占星術（Horary Astrology Rediscovered）』が出たばかりだった※。

また、17世紀のリリーの著書がオリビア・バークレーや「カンパニー・オブ・アストロロジャーズ」の創設者の一人、ジェフリー・コーネリアス氏らの尽力によって復刻されていたということもあって、早速、僕はこれらの本を買い込んだ。そして宿に戻って、読み始めたのであった。

※ Olivia Barclay *Horary Astrology Rediscovered: A Study in Classical Astrology* Schiffer Pub Ltd 1997

予言はなぜ外れるのか

バークレー女史の本は、明らかに、当時、全盛の心理占星術への批判から始まっていた。端的にいって、占星術の「予言」は当たらないことが多い。

これをどう考えるか？　心理学的な占星術の立場では、具体的な予言が当たるかどうか、というのは、本人の心のありようと深く関わっている、と見なす。

例えば、ごく単純な例として、冷たさ、制限を表す土星が愛を表す金星と強く影響し合っていたとしよう。一般的にそれは、「愛情の冷え込み」とか「悲恋」を示すものだと考えられる。

しかし、実際にはこの配置を持っていても、幸福な結婚をしている人も多い。

心理占星術では、金星と土星の角度は、決して「悲恋」の運命を示すものではない。

それが表すのは、自分のなかの女性性や愛情を受け入れるのに何かの恐れがあることだ。もし、その心理的なブロックに無自覚であり、それに引きずられると、自分のなかに引きこもってしまい、結果的に「恋に恵まれない」ことも多いだろう。

しかし、それは単純に「運命」ではないのだ。自分のなかでの愛を受け入れることへの恐れに向き合い、コンプレックスを統合していければ、深くて永続的な愛情を持つことができるようになる。意識の成長、分化が占星術の「具体的な予言」の的中から人を解放していく、というわけだ。

リズ・グリーンは、その著書『宿命の占星術（Astrology of Fate）』のなかで実に印象的な例を挙げている※。

16世紀のフランスの王、アンリ2世の死の予言である。この王は祝いの席での馬上模擬試合の事故で命を落としている。相手の槍の先につけられていた覆いが外れて、その槍が王の目を貫くという悲劇が起こったのだ。

この事故は、かのノストラダムスも予言していたという逸話があって、占星術やオカルト好きの間ではよく知られている。

しかもアンリ2世の事故を予言したのは、ノストラダムス一人ではなかった。ルカ・ガウリクスという占星術家も、その事故を王のホロスコープから予言している。グリーンによれば、その予言は「恐ろしいほどに正確」であった。しかし、このような「正確さ」が現代の占星術で得られることはほとんどない。

その理由を、グリーンは現代人の状況が、より自由で、しかも意識が発達してきた結果だという。

つまり、こういうことだ。かつて、王は王の、平民は平民の人生を送るしかなかった。その当時、「死」の暗示は一種類の、文字通りの死を意味するしかなかった。しかし、今では、「死」を象徴的にとらえ、個人の意識の変容のチャンスと見ることもでき

※ Liz Greene *The Astrology of Fate* Weiser 1984

るのだ、と。

グリーンがいうには、占星術が今になって当たらないことが多いのは人々の意識が変容したからだ、というのだ。

となれば、占星術が「当たらない」ことは、むしろよいことなのだとグリーンは考えているように見える。それは人々の意識がより発達し成熟してきた結果なのだ※。

しかし、バークレーは、このグリーンの意見にこう反対する。

いや違うのだ、現代の占星術が当たらないのは、現代の占星術が伝統から切り離されているからだ、変わったのは人間の意識ではなく、むしろ占星術のほうなのだ、と。

そして、伝統的占星術のルールを復活させれば、占星術はやはり今でもなお「正確に当たる」というのである。

※　ただし、グリーンの占星術の根定には古代ギリシャの思想である「ヘイマルメネー（星の強制力、宿命）」の概念がある。単純な楽観的自由意志論ではない。詳しくはまた別に論じたい。

古典占星術ルネサンス

バークレーのこの主張は、今では占星術世界の大きな潮流になっている。彼女のいうことにも一理あるのだ。

よく占星術は、数千年の歴史がある、という。それを占星術家は、誇らしげに本に書いたり、人々に語ったりしている。

これは、一面では正しいが、もう一面では不正確な表現だ。

占星術はずっと連続して継承されてきているわけではない。

例えば、いわゆる「暗黒の中世」と呼ばれた時代、キリスト教全盛の時代には、西ヨーロッパでは占星術はほとんど瀕死《ひんし》の状態にあった。その間、占星術はアラビアで発達を遂げており、ルネサンス時代にそれが再び西ヨーロッパに流入するまでの間、いったん断絶するのである。

また、18世紀の啓蒙主義の時代にも、ヨーロッパでは占星術の伝統はいったん下火になる。

現代の占星術が復興するのは、19世紀の末から20世紀初頭のことであった。このときに復興した「現代占星術」は、それまでの伝統的な技法の多くを失い、非常に単純化されたものになっていたのである。

先のリズ・グリーンも、伝統的な占星術の知識から切り離されていることは否めない。彼女の著書『宿命の占星術』に採録されているアンリ2世のホロスコープを見るだけでも、彼女が伝統的占星術の知識に明るくなかったことがわかる。

17世紀までは、ホロスコープは円形ではなくて、四角形で描くことが通例であった。その方形のホロスコープを現代的なホロスコープに描き直す際に、彼女はアセンダントの位置を誤って置き換えている。つまり、グリーンは古典様式のチャートそのものを読むことができなかったのだ（１９９９年9月発行の『英国占星術ジャーナル』掲載のグレアム・トービン氏の指摘による）。

１９８０年代になって、ようやく占星術の研究家はそのことに気がつき始めた。そこで、一部の占星術家は、ラテン語やギリシア語を学び、過去の占星術の文献に直接当たるようになる。

「カンパニー・オブ・アストロロジャーズ」のジェフリー・コーネリアスらは、いち早く「ラテン研究会」を発足させて、マルシリオ・フィチーノをはじめとするルネサンス時代の占星術家のテクストの翻訳を始めた。

また、17世紀のホラリー占星術の教科書であり、歴史上初めて英語で書かれた占星術書『クリスチャン・アストロロジー』（ウィリアム・リリー著）が復刻されたのは決定的であった※。

さらにアメリカでは１９９０年になって、ロバート・ハンドらが中心となり、「ハインドサイト計画」が発足、ラテン語、ギリシア語、アラビア語などで書かれた古典的な占星術の書物を組織的に英訳してゆく作業が進められるようになった。

先にも少し触れたように、インド占星術と古代の西洋占星術がよく似ている、ということもそのなかでわかってきた。

※ リリーの『クリスチャン・アストロロジー』は幸いにも邦訳された。田中要一郎監修『クリスチャン・アストロロジー』（太玄社2015年）

伝統派は法律家にも似て

いやはや、今思い出しても本当に恥ずかしい。

心理占星術と古典的な占星術は、一種のライバル関係にあったのにもかかわらず、僕は反対陣営の旗手であるオリビア・バークレーさんに「心理占星術をやっています」と胸を張っていってしまったのだから。

もちろん、彼女はそんなことで気分を害するような心の狭い人ではないし、今でも、イギリスを訪れたときには、ケント州にある彼女の素敵なコテージに招いていただいたりもする交流が続いている。

ただ、当時の僕は、バークレーらの古典占星術、伝統的占星術学派の主張を完全には納得できなかったし、今でもそれは変わらない。

確かに、現代の占星術が偉大な占星術の伝統から断絶されているのは認めよう。そして、そのような伝統を発掘してゆくのも、大変に意味のある作業だと思う。どんなふうに彼らが星を見て、どんなふうにそれが人生のなかで意味を持っていたのか。それをひもといてゆくことは、ものすごくスリリングなことだ。

かつてはホロスコープを使って物事の成否を判断することが多かったので、よく「ジュディシャル・アストロロジー（Judicial Astrology）」という言葉が用いられる。Judgeとはもちろん、判断のことだし、これは裁判という意味もある。実際、伝統派の占星術の解釈は、法律の解釈にも似ているところがある。

ごく基本的な占星術のルールに従いながら、解釈をしていく。しかし、それだけでは判断に迷うことも、すぐには事実通りに当たっていないように見えることも出てくる。

そこで、占星術家は、過去の偉大な占星術家の判断例を参照しながら、自分の解釈を導いていくのだ。その「判例」となる文献は、どんどん復刻されている。

数百年前のテクストを判例として、チャートを読み込んでいくのは、心理学的な占星術とはまた違う、知的な面白さがある。そして、それは実際によく「当たる」のだ※。

※ 日本語で読める伝統占星術の紹介としては、拙著『占星綺想』（青土社2007年）、また実践的な指南としてはベンジャミン・ダイクス著、田中要一郎訳『現代占星術家のための伝統占星術入門』（太玄社2019年）と福本基著『基礎からわかる伝統的占星術』（太玄社2020年）がある。

でもやっぱり当たる

「伝統的占星術」がびっくりするような的中、「そのまま」な当たり方をすることがあるのも事実である。

しかもそれは「偶然」という範囲には収まらないようなインパクトを持って迫ってくることもある。

ホラリー占星術の教科書を見ると、そのような例がいくらでも出てくる。

先のオリビア・バークレーは、1983年に故障した人工衛星の落下地点を占い、見事、的中させた。

バークレーは、テレビのニュースで、人工衛星が故障し、落下することが予測されるが、いつ、どこに落下するのか予想が立っていない、ということを耳にする。そこで、そのニュースを聞いた瞬間のホロスコープを作って、落下の時期と場所を占い、見事に的中させたのだ。

詳細な解釈はここでは説明しきれないけれども、バークレーの解釈のポイントを2、3点挙げる。まず、占う対象（ホラリー占星術では「クアレント」という）は、占星術では、常に上昇してくる星座の支配星が表す。バークレーがこの問いを立てたときには、乙女座が上昇しつつあった。乙女座の支配星は、水星であると決められている。つまり、人工衛星は、水星によってこのホロスコープでは示されるのである。

このとき、水星は逆行していた。逆行というのは、地球から見たときに、惑星がいつもと違って西から東に動いているように見えることを指す。リリーによれば、逆行しつつある惑星は何かが「戻ってくる」や「帰ってくる」ことを表すという。まさしく、打ち上げられた人工衛星は、地球に落下して戻ってきつつあるではないか。

水星は山羊座に入っている。ハウスは、第4ハウスで、同じハウスには海王星もある。占星術では国や場所も星座が表すが、山羊座はインドを支配する。山羊座は、溺れることを表す土星が支配する星座。また第４ハウスに一緒にいる海王星は「海」に関係が深い。そこで、バークレーは、落下地点を「インド洋」と占った。

そして、この結果は見事に当たっているのだ。

僕もホラリー占星術の経験は少ないけれども、似たような的中例はいくつか体験したことがある。

この話でいつも思い出すのは、この本（本書初版）の編集者でもあるUさんと初めて出会ったときのこと。

Uさんは、「今、気になっていることを占ってください」とノーヒントで問うてきた。Uさんとしては、占星術に挑戦するというよりも、むしろ、占星術がどんな手続きを使って占うのかのほうに興味があったのだろう。

僕はその瞬間のホロスコープを作ってみた。今ではその詳細な記録は失ってしまったのだが、こんなふうに占ったことを覚えている。

「それは、女性がらみのことで、美容か何かと関係があるのではありませんか」

ホラリー占星術ではいつも重要視される月が、癒しの惑星カイロンと美の星・金星とアスペクトをとった直後であったことなどがその理由であったと記憶している。

それを聞いたUさんは、驚いた顔をされた。「まさに。ついさっき、現在制作中のダイエットがらみの本のことで、女性の著者に会ってきたばかりなんですよ」と。

このような例には事欠かない。

もし、あなたがホラリー占星術、伝統的占星術に関心があるなら、ぜひに勉強されてみることをお勧めする※。

※ ホラリー占星術の入門としては、いけだ笑み著『ホラリー占星術』(説話社2009年)、またアンソニー・ルイス著鏡リュウジ監訳『決定版ホラリー占星術教本』(仮題近刊)などを参照。

占星術ファンダメンタリズム

しかし、そのような「ルール」を用いれば、「必ず当たるはず」だというのは、どうしても僕には納得できないのだ。

なかには、こんなことをいう人もいる。

もし古典占星術の技術を使って当たらなければ、それは占星術が間違っているのではなく、自分の知識が足りないからだ……。

こうなると、もはやこれは「信仰」、それもかなり原理主義的な信仰ではないだろうか。

今でも、聖書に書いてあることがすべて事実だと信じている人がいる。いわゆる「ファンダメンタリスト」、根本主義者といわれる人々だ。

もちろん、それは個人の信仰の自由なのだから、外からとやかくいうことはできないのだけれど、その頑なさは、あまり有益な結果を生み出すことはない。

むしろ、「昔の人は、こんなユニークなことを考えていました」とか「こんな発想をしていたのです」というくらいの、余裕のある古典占星術の見方なら、大いに楽しみたいと思うのだけれども、厳密で絶対正確な「ルール」であるといわれてしまうと、正直、引いてしまうのだ。

伝統占星術、古典占星術復興の意義を十分に認め、敬意を払った上で、ちょっと意地悪だと知りつつ、古典占星術根本主義に僕が「改宗」できない理由をいくつか述べてみよう。

一つ目。もし、そんなに「当たる」のなら、どうして今まで廃《すた》れてしまっていたのだろうか。NASAやソ連も、莫大《ばくだい》な予算を使ってレーダーや大型コンピュータを導入せずとも、優秀な占星術家一人を雇い入れれば、人工衛星落下の位置から仮想敵国の動向まですべてわかっただろうに。

それからもっと基本的なこと。正確なホロスコープを作って、厳密なルールを適応すれば「当たる」というけれども、それは「古典」ということとすでに矛盾していないだろうか。

ごく単純な話。今から何百年も前の人が、どれほど正確な時計を持っていたのだろうか。それから、彼らの天体観測技術の精度はどの程度のものだったのだろうか、ということを思い浮かべればよい。

僕自身、ルネサンス時代に作成されたホロスコープを何枚か現代のパソコンを使って検証してみたことがあるが、厳密なルールが適用できるほどの精度は期待できなかった。

例えば、かのノストラダムスが作成したホロスコープを何枚かチェックしてみたところ、かなり杜撰《ずさん》なことがわかった。水星の位置にいたってはその星座までもが狂っている。

いや、そうではない。本当の一流の占星術家はきちんとした時計を使っていたはずだし、正確なホロスコープを作成していたはずだ、という声も聞こえてきそうだが、もしそうであれば、実際に有効なチャートの例は極端に少なくなるはずで、そんな少ない例から「一般的な法則」が本当に引き出せたのであろうか。

かなり、怪しい気がしてしまうのである。

いや、それでも、占星術は、心理的なこと、「主観的な」ことを超えて「当たる」ことがある。

これは古典的で具体的なことを占う占星術ばかりの問題ではない。心理占星術でも問題の本質は同じだろう。この本で見てきた多くの例のように、一つひとつのケースとして、体験として、占いは「よく当たる」ように見える。ドキリと人を驚かすことがある。

このようなことをどんなふうに考えればいいのだろうか。

さあ、問題は核心に迫ってきた。

そうだ。こんな問いだ。

「占いはなぜ当たるのですか？」

因果論VS.シンクロニシティ論

「占いはなぜ当たるのですか？」

この問いには、大きくいって二つの立場からの返答がある。

一つは因果論、もう一つはシンクロニシティ論だ。

占星術は、一般に考えられているよりもずっとずっと幅広い営みである。占星術のなかには、実にさまざまな側面がある。これらがごちゃごちゃに扱われているときに大変な混乱が起こってくるように思われる。

まず、ここで整理するために、僕は占星術を「因果論的占星術」と「象徴的占星術」の二つに分けてみたい。

第2章で見たように、占星術を広く捉えるなら、月の満ち欠けと潮位の変化なども占星術の範疇《はんちゅう》に入るだろう。このような現象は、天体の配置が地上の出来事に実際に物理的に「影響力」を振るうことによって起こるものだ。これはまさしく、「因果論」。星が「原因」となって、地上のさまざまな現象を「引き起こす」。

太陽黒点の増減と人類の戦争などの関連も、いまだに確証を得るにはいたっていないが、もしこれが事実なら、明らかに太陽風が地球の磁気に変化をもたらすがゆえのものだろう。

ゴークラン博士の「火星効果」、つまり優秀なスポーツマンは火星が天頂や地平線にあるときに生まれる確率が高い、という現象も、何人かの科学者は、何らかの天体の物理的な作用が一種の宇宙的な「産婆」となって、火星的な（闘争的でスポーツ好きの）子供をこの世に送り出すのだと考えている。

その科学者の意見が正しいなら、これも、かなり神秘的に見えるけれども、「因果論」的な占星術観によるものだといえよう※。

そして、確かに占星術には、このような物理的、因果的な側面があるのである。

しかし、占星術という営みはそれだけでは説明しきれないのも事実だ。

どうして月が、さっき会ったばかりの編集者の、30分前の動向を予言できるだろう。

あるいは、土星が人生の上の重要な転機を描写するのはなぜなのだろう。山羊座が「インド」で、逆行する惑星が「物事が帰ってくる」ことのしるし?

これらは、とてもではないけれども、因果論で説明するのは無理がある。

そこで登場するのは、「シンクロニシティ」という考え方だ。

※ このような因果論的な占星術理解は、すでに2世紀のプトレマイオスに見ることができる。例えば「月下の世界のエレメントの第一のものである火と風は、エーテルの運動に取り囲まれており、それによって変化させられる。これらのエレメントはまた、下位のものを取り囲んでいるために、自身が変化するときにそれらを変化させる。すなわち地と水、植物と動物に働きかけるのである。太陽は常に大気と関わっており、すべての地上のものを統べている。季節の循環による、動物の胎児、植物の蕾、泉が湧き出ること、物体の変化のみならず、その日々の進行によって光、熱、湿、乾、冷を、その高度に応じて変化せしめる。月は天体のなかで地球に最も近いので大きな影響力を振るう。生命あるものも生命なきものも月に応じて変化する。河は月に従い増水し干えあがる。海の干満は月の出と没に支配され、植物と動物は、すべてとは言わないまでも少なくとも部分的には月の満ち欠けによって成長したり弱ったりする」(鏡訳) Trans by J.M. Ashmand, Ptolemy *Tetrabiblos* Astrology Classics 2002

ユングを驚かせた「偶然の一致」

「シンクロニシティ」という言葉を、たぶんどこかでお聞きになったことがあると思う。日本語では一般に「共時性」と訳されることが多い。

これは心理学者ユングの造語である。

ユングは、この言葉を「コーザリティ（因果論）」という概念に対して造った。

シンクロニシティとは何か。

それは一言でいえば、「意味のある偶然の一致」だ。ユングは、患者の夢のなかに登場するものが、ときに現実に現れてくることに気がついた。

有名な例では、こんなことがある。

ユングはそのころ、知的で合理的な女性患者を扱っていた。しかし、逆にその知性その頑なさが彼女の治療の邪魔になっていた。もっと素直に自分の心に従えばいいのに……ユングはそんなふうに思っていたに違いない。

そんな折、その女性患者の夢のなかにスカラベ（エジプトの神話に登場する虫）が現れた。

患者が、その夢をユングに話しているときに、「コンコン」と窓を叩く音がする。ユングが窓を開けると、1匹の虫がカウンセリングルームに飛び込んできた。その虫は、コガネムシの一種で、エジプトのスカラベにそっくりであった。ユングは、その虫を捕まえると、患者に見せた。

「さあ、これがあなたのスカラベですよ」

患者とユングは、この不思議な偶然によって心を大きく揺り動かされる。この出来事によって患者の頑なな態度は崩れ、一気に治療が進んでいった、というのだ。

もちろん、患者の夢が虫を呼び込んだはずはない。夢と虫が入ってくることには物理的な因果関係はない。にもかかわらず、ここには不思議な一致が存在する。ユングは、このような出来事から心と物理世界の間に、ときとして不思議なつながりが生まれることがあると考えた。これがシンクロニシティである。

※ このような考え方の起源も古い。3世紀のプロティノスはすでにこのように述べている。「しかし、実際にはすべての星が世界全体に対して貢献しているのであり、その結果また、全体を益するという仕方で、たがいをも益しているのである。ちょうど一個の生き物において、各部分がそうしていることが観察されるように。……そしてすべてのものは、互いに対応していることによって、たがいに感応（共感）する。この仕方で、すべての世界は一つであり、一つの調和なのである。とすると、惑星あるいは惑星の位置関係がアナロギアに基づくしるし（兆し）でないということがありえようか。」『エネアデス』（『プロティノス全集』中央公論社１９８６年）

虫の知らせ

このような例は、読者のあなたもときどき経験されるのではないだろうか。ある人のことを考えていたら、ちょうどその人から電話がかかってきた。「虫の知らせ」が当たってしまった、などはまさにシンクロニシティの体験だといえるだろう。多くの合理的な心理学者は、このような体験を全くの「偶然」ないしは「錯覚」と見なしている。

好きな人のことは四六時中考えているものだ。たまたまそんなときに、意中の人から電話がかかってくれば、その体験が強く心に残る。

シンクロニシティは、そんな一種の錯覚であり、「意味のある偶然の一致」ではなく「意味をこじつけられた偶然の一致」であるにすぎないというのである。

確かに、そうかもしれない。

しかし、重要なことは、そのような経験が実際には人間にはあって、それが日々の生活のなかに大きなアクセントを加えている、ということなのだ。

上なるものは下なるもののごとし

占星術は、まさしく壮大なシンクロニシティとして成立している。

天体の動きと、日々の人間の生活には詳細な因果関係があるとは思えない。そこにあるのは、「象徴的」なつながり、一種の語呂合わせのような感覚である。

「逆行している星」が「なくなったものが戻ってくることを示す」などは、よくいえば詩的な、悪くいえば、まさにこじつけ的な解釈だろう。

しかし、そこに何らかの一致を感じることがある。そして、それが当たることもあるのだ。

それは、本書をここまで読み進めてこられた方ならよくわかることだろう。

シンクロニシティという考え方自体は、20世紀になってユングが打ち出した新しいものである。が、この考え方、天と地がまるで映し鏡のようになっているのだというものの見方は、ユングのはるか以前から知られていた。

英語では「as above so below」というのであるが、上なるものと下なるものの間に、つながりがあるというのだ。

これを「照応論」と呼んでいる。宇宙が、地上のどんな出来事も反映している。現代流にいえば、これが「シンクロニシティ」であろうし、別な言い方をすれば古代からの「照応論」の本質なのである※。

※　マギー・ハイド著、鏡リュウジ訳『ユングと占星術』（新装版・青土社２０１３年）

運命の時計

ところで、占星術とシンクロニシティという考え方には、もう少し厳密に見ていかなければならないことがある。

それは、なぜ占いがときに当たり、ときに外れるか、ということの説明にもなってくるだろう。

シンクロニシティについて語るときに、たとえ話で、「二つの時計」というモデルが登場する。

神の見えざる手が、二つの目覚まし時計を同じようにセットする。それ以後、誰も時計には手を触れないようにする。それでも、二つの時計は同じ時を刻み続け、そして同じタイミングでアラームを鳴らすだろう。

二つの時計の間には、物理的なエネルギーのやりとりは存在しないけれども、この二つはシンクロした動きを見せるのである。

この一方の時計を人間、もう一方を星の動きと考えてみる。すると、占星術のわかりやすいモデルとなる。人間と星はシンクロしているように見えるけれども、それはたまたま、この二つが一致するようになっているから、というわけだ。

そこで、一方の時計の針をきちんと読みさえすれば、もう一方の時計の針の動きがわかるということになるわけである。この場合、星を正しく読めば、もう一方の人間の運命もわかるということになる。

このときは、心理占星術も伝統的な占星術も大差はない。

星を正しく読めば、「心理構造」あるいは「具体的な出来事」がちゃんと読める、というのであるから。

シンクロニシティⅠとシンクロニシティⅡ

しかし、ことはそんなに単純ではない。

もし、占星術がこのようなモデル、運命の時計のモデルに従っているなら、いつだって占星術は当たるはずだろう。

それは、ちゃんと統計のなかにも現れてくるはずだ。

しかし、第2章でも見たように、ゴークランの例などを除くほとんどの場合に、占星術をめぐる実験は、失敗しているのである。

けれども、個人の経験において、占星術が「当たる」というのは、いったい、どういうことなのだろうか。

ユングの研究家で、また優れた占星術家でもあるマギー・ハイドは、ユングのシンクロニシティの概念をⅠとⅡに分けることによって、この問題に光を当てようとしている※。

マギー・ハイドがいうにはシンクロニシティには二種類ある。

一つは、先の「運命の時計」のようなもの。誰にとっても、並行関係を認めることができる、客観的な事実としてのシンクロニシティだ。

正しい出生時刻に基づくホロスコープを作れば、その人の運命が、あるいは心理が正確に読めるはずだ。あるいは、正しい問いの瞬間に基づいて、そのホロスコープを作り、正しい読み方にのっとって読めば、誰が読んでも、正しい結論にたどりつく……もし、そのように主張するならば、それは運命の時計、シンクロニシティⅠの立場に立つことになる。

過去の出来事から正しい出生時刻を逆算できる、という主張なども、この立場に基づいているといえる。

その一方で、シンクロニシティⅡとは、もっと複雑怪奇で曖昧なものだ。

ここには、「シンクロ」する二つの要素――ここでは星と地上の出来事――に加えて、第三の要素が働きかけている。それは、シンクロニシティを体験する人、あるいはそれを観察している人自身の意識だ。

ちょっと難しい言い方をすると、占星術に関わる人の意識、その人の主観的な状況がシンクロニシティに深く「参与して（関わって）」いるのである。

なぜ、今、このとき、ほかならぬあなたに、その問題がふりかかっているのだろうか。一般的な科学の問題や、シンクロニシティⅠの場合には、そんなことは関係がない。むしろ、関わってはならない。誰が統計をとっても結果が再現されるのでなければ、それは「本当」のことと考えてはならない。

逆に占いの場では、占い手の意識、状況が本当に大切になる。そして、その場では、一見、「普遍的な法則」に見えるような占星術が、全く別な顔を見せてくる。

※　マギー・ハイド著、鏡リュウジ訳『ユングと占星術』（新装版・青土社２０１３年）

ダイアナ妃の2枚のチャート

占いの現場に立っている人から、よくこんなことを聞く。

「いやあ、大きな声ではいえないんですけどね、間違った出生時間のホロスコープを使って占ってしまったんですよ。そうしたら、そっちのほうが当たってしまって」

このようなことは、実際によくあるのだ。

記憶に新しいところではダイアナ妃のホロスコープ。イギリス占星術家の大御所、ジェフリー・コーネリアスもその著書のなかで挙げていることだが、ダイアナ妃の出生時刻には二つの説がある。そして、どちらのチャートも、彼女の人生を実にうまく説明することができるのだ。

一つは、天秤座が上昇しており、彼女のチャーミングな王妃としてのキャラクターをよく表している。結婚のときのタイミングなども、詳細な占星術のルール、公式通り。

一方で、もう1枚のチャート（最近ではこちらが使われることが多い）では、活動的で自由奔放な射手座が上昇している。そしてこちらも、その後の離婚、事故などをよく表しているのだ。

シンクロニシティIの立場に立てば、より正確な時間をさらに探していくべきなのだろうけれども、もしかしたら、個人のチャートが2枚とも「有効」であったとしても構わないのではないか、というのがジェフリー・コーネリアスの意見なのだ。

そして、もし、個人のホロスコープが「2枚」あったとしたら、「出生時間」にこだわることの理由が、普通に考えられているよりも希薄になってくるだろう。むしろ、占い手の側に、絶妙なタイミングで「誤った」、しかし「有効な」データが飛び込んでくるという、奇妙な現象に注目すべきであろう。

正確なデータを使えば、正確な結果が導き出せる……占星術の場で起こっているのは、そういう「常識」が通用しないプロセスのように思えてくる。

例えば、相手のホロスコープのなかに、自分のことが現れてくるということもあり得る。

ユング自身、このことに気がついていた。

あるとき、ユングはフロイトに自分が占星術をおこなっていることを手紙で告げているが、そのとき、ユングは実に興味深いことをいっている。自分のある患者のホロスコープを作ったところ、そのホロスコープは、正確に心理状態を語っていて驚嘆したという。しかし、そのホロスコープが示していたのは、患者本人の状態ではなく、その母親の心理であった、というのだ。

占いの現場に立てば、しばしば経験することだが、たて続けに同じような問題を抱えた人が相談にやってこられることがある。

あるいは同じ星座の人ばかりが続けて来談されることもある。

いったい、何が起こっているのだろうか。

彼らクライアントのホロスコープは、それぞれ彼ら自身の問題を表してもいるのだろうが、もしかしたら、彼らのホロスコープに共通すること、それがホロスコープの読み手である僕自身の問題を示しているということもある。

このようなシンクロニシティが、マギー・ハイドのいうシンクロニシティIIである。

ここでは、レントゲン写真を読むように、客観的な立場ではチャートを読むことができない。主観─客観の境界線は崩れて、何か不思議な、奇妙な感覚が生まれてくるのである。

「星」を盗む話

僕自身の体験をお話ししよう。

1998年の4月、天空ではちょっとした美しい天体ショーが起こっていた。木星と金星がランデブーし、二つの星が明るく輝いたのだ。

この二つの星は、魚座の17度あたりでコンジャンクション（会合）していたのである。金星と木星は、占星術では二大吉星。しかも、木星は魚座の支配星であり、金星は伝統的な占星術では、魚座で「高揚」し、そのよい働きを強める。とてもおめでたい星の配置だ。

この星の配置を意識していたわけではないのだが、僕と友人のYさんは、休暇と取材を兼ねて沖縄を訪れることにしていた。超がつくほどの方向音痴の上に、何だか間が抜けている僕に代わって、Yさんはいつもチケットの手配からすべてをやってくれる。おかげでいつも僕は、ちょっとした着替えだけ持って空港で落ち合えば、後はYさんに従うだけ、というラクチンな身分になる。そこで、出発前に僕は準備は彼に任せて、ホロスコープを眺めていた。今度の旅はどんなことになるのだろう?

もちろん、金星と木星の会合に目が行く。

そしてこの魚座の17度という位置は、Yさんの生まれたときの月がある位置なのである。ちなみに、この月は秘密を表す12ハウスにある。

すぐに僕は、Yさんにからかい半分のファックスを送った。

「金星・木星がYさんの月に重なる。ひょっとして秘密のロマンスの暗示か? もしそうなったら、別行動しましょう。邪魔はしたくないですから」

そんなロマンスが、一週間の旅の間にあったのかどうか、僕はわからない(何しろ、「秘密」のハウスである。僕が知らない間に何が起こったかはわからない?)。

しかし、そんなことよりも、この星の配置は実に不思議な偶然をもたらしたのだ。

僕にとっては、沖縄は初めての旅行先だった。見るもの見るものがすべて新鮮な……はずだった。

しかし、何かおかしい。那覇の町で見る土産物。亀の剥製。染め物。何だかなつかしい。おぼろげながら幼いころの記憶がよみがえってくる。そういえば、小さなころ、これと同じものが、みんな実家にあったではないか。いったい、なぜ？

わが家は京都にある。父も母も京都の出身だったはずだ。なのに、なぜ沖縄のものがあんなにたくさんあったのだろう。

旅のせいで意識が高揚していたせいもあるのだろう。

僕の頭のなかに、こんなシナリオが浮かんできた。

実は、僕の両親のどちらかは沖縄の出身ではないのだろうか。そして、何らかの事情でそのことを僕に隠しているのでは？

実は今回の旅行は、運命的なルーツへの帰郷ではなかったか。

想像力が先立つ魚座の僕のことである。こうなると、妄想は止まらない。すっかり、その気になって運命の旅のつもりで町を歩く。

Yさんまで、「そういえば、鏡クンは濃い顔だし、南方系だよ。沖縄出身に違いない」なんて盛り上げるものだから、夜になって泡盛をあおるころには、もはやその妄想は僕のイメージのなかでは「事実」となっていた。

酔った頭で、京都の実家に電話する。

「あの……母さん。もう僕も大人だからさあ、隠さないでいってよ。離婚した父さん、本当は沖縄の出身だったんでしょ……」

こんな電話が突然、夜中に沖縄からかかってきたものだから、母はびっくりしたにちがいない。

話を聞くと、沖縄の「謎」はすべて解けてまった。

わが母親は着物の着付けの学校を経営している。その仕事は僕が生まれる以前から始めていた。職業婦人、女性起業家のハシリのようなものだ。

そして、まだ沖縄が返還される前に、米軍の人々に日本の文化を伝えるという公の仕事で、何度か沖縄を訪れていたのだそうだ。まだ今日ほど沖縄に行くのが気軽ではなかったころのこと、ついついお土産に大きなものを買ってきてしまっていた、それが実家にあっただけだ、というのである。

なあんだ。ドラマを期待していた自分のバカさかげんに笑いがこみあげてきた。

結局、それからどれくらい電話で話したことだろう。きっかけは何であれ、久しぶりに母と話ができて、しかも、自分が生まれる前の母の仕事、苦労なども聞くことができて、よかった。

ここで待てよ、と思う。

これこそ、金星・木星コンジャンクションの意味ではないだろうか。

12ハウスは「秘密」の意味がある。しかし、同時にこのハウスは、「生まれる以前の状況」を表す。月は、伝統的に「母親」の象徴である。金星は「美、ファッション」、木星は「幸運」のほかに「教えること、教育」の意味もある。

とすれば、Yさんのホロスコープに起こった星の配置は、僕の体験、つまり僕が生まれる前の母の仕事の記憶、その思い出を聞くという経験をそのまま表しているように思えるのだ。

これは実にシンプルな星の読みである。しかし、そのシンボリズムは強烈なインパクトがあった。

伝統的占星術を修めたジェフリー・コーネリアスやマギー・ハイドさんにこの話をしたところ、「完璧ね。まあ、鏡さんはそのお友達の星を盗んじゃったわけだね」といわれた。

夢を盗むという話は、昔話にはときどきあるけれども、相手の星を盗んでしまういうこともあるのだなあと思った。
これはまさにシンクロニシティⅡではないか。

宇宙は美の楽園か牢獄《ろうごく》か

運命の時計の立場に立つと、占星術はどうしようもない運命論に陥ってしまう。地上の出来事と天の星の動きは映し鏡になっている。そして、天体の運行が極めて正確に予測できる限り、「運命時計」としての占星術は、冷厳無比な運命の予告、心の動きの予告装置となってしまうわけである。

もちろん、ここで、アラン・レオをはじめとする、スピリチュアルな立場の占星術家からの反論が出てくることは簡単に予想できる。

いや、そうではない。

「星は誘うことはあるけれども、強制はしない」、これは中世の神学者トマス・アクィナスの言葉……。あなたのなかには、星の力には左右されない自由意志があるのだ、と。

自由意志と運命の関係は、古代の占星術的な宇宙論をどのように考えるかによって解釈が分かれてくる。思い出してほしいのだが、占星術は地球中心の宇宙を考えている。地球を取り巻いて、惑星が回っている。その惑星は、何層にも重なった透明なボールに乗って回っている（図表㉘）。

プラトンらの古代の哲学者の考えによれば、人間の魂はその宇宙の外側から地球に降りて生まれてくるのだとされた。そしてその魂は、一つひとつの惑星の天球を通過するたびに、その惑星の運命や性質や衝動を受け取るのだという。これが、生まれたときの星の配置がその人物の「運命」を表すことの理由だとされていた。

しかし、こうした惑星から与えられるものは、魂にとっては「上着」にすぎない。本当の核の部分は星の力を超えている。このような考え方で、運命と自由意志の難問に答えを出そうと昔の人々は考えたのであった。

しかし、このときに、二つの極端な態度が出てくる。もし、魂の意志と星の力が別

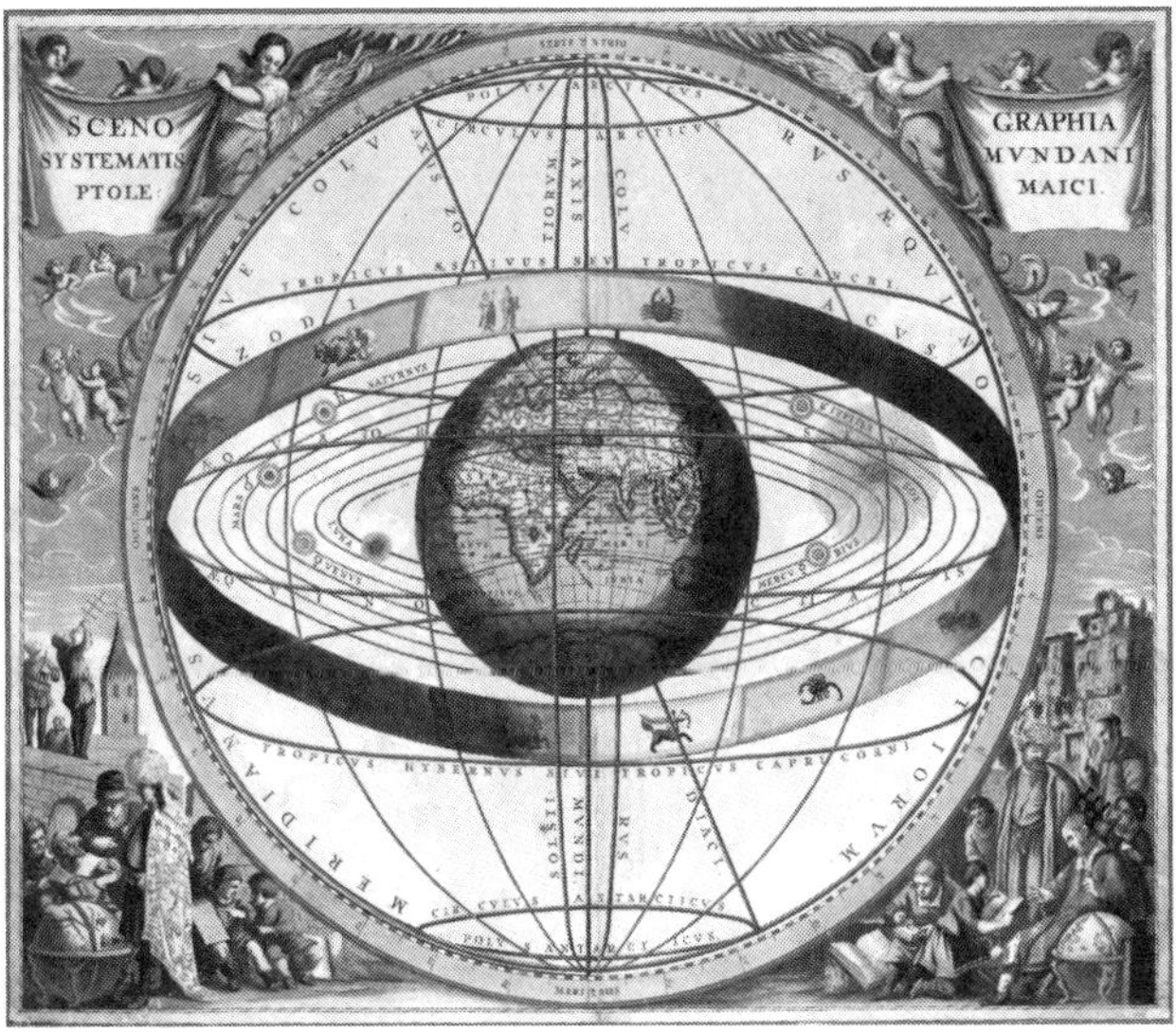

図表28 **古代の宇宙観（II）**

占星術の世界観では、太陽ではなく地球をその中央におく。それは、時代遅れの世界観ではなく、「自分」を世界の中心に考えるものの見方だと考えればどうだろうか。

な方向を向いていたらどうなのだろうか。

ストア派と呼ばれる哲学や新プラトン主義と呼ばれる考えでは、この魂と星の力が合致しないことこそが、迷いや悩みの原因だと考えるであろう。宇宙の運行は、それこそ美しく善なる秩序である。その秩序に従うことこそが善きことなのである、と。美しい秩序として星の運行を見たときには、惑星が与えてくれるのは、人生の喜びであり、祝福であると考えるのである。

一方で、その正反対の見方も出てくる。

例えば、グノーシス主義と呼ばれる古代の思想。この考え方では宇宙は一種の牢獄《ろうごく》である。星の運行は、さまざまな誘惑や欲望を司っていて、魂が本来の自分に気がつき、惑星の勢力圏を突っ切って本来の場所に戻っていくことを妨げている。

地上的な快楽は危険な毒であり誘惑なのだ、この世界は邪悪だ、という見方。これは運命を超越していこうとするものだ※。

※　同じ同心球体的宇宙論に対しての、対照的な解釈についてはハンス・ヨナス著、秋山さとこ他訳『グノーシスの宗教』（人文書院１９８６年）、またヨハン・クリアーノ著、桂芳樹訳『霊魂離脱（エクスタシス）とグノーシス』（岩波書店２００９年）など参照。実践的占星術におけるこの古代的理論の応用についてはJoy Usher *A Tiny Universe* Xlibris 2018を参照。

いたずらな神々との語らい

このような考え方は、いずれも宇宙の運行が絶対的なものであり、またその写し絵であるホロスコープも、客観的な運命や心理のカルテである、という見方から生まれている。

けれども、「星を盗んだ」り、あるいは間違ったホロスコープのなかに正しい答えが隠されていたり、思いがけないことが起こってくるような占星術の場合にはどうであろうか。シンクロニシティⅡとしての占星術はどうであろうか。

星の運行は、確かに変えることはできないけれど、星が暗示してくるのは、決まった法則、ルールではなくて、まるでいたずらな子供のように、常に思いがけないかたちで現れてくるとしたらどうだろうか。

だとすれば、それは、凝《こ》り固まった意識に思わぬ風穴を開けることがある。

占星術が最初に、それこそバビロニアの時代には「予兆《オーメン》」というかたちで始まったことを思い出そう。

オーメンとは、神々からのメッセージであった。

その神々は、ときに人間が捧げ物をすることで、あるいは、神々自身の気まぐれで、刻々と変化することがあった。

占いのことを、英語で「ディヴィネーション（divination）」という。これはもともと、「神々との語らい」という意味があったそうだ。

また心理占星術などで重視する「セラピー」という言葉は「神々への奉仕」が原義であった。

占星術のなかには、シンクロニシティⅠ、つまり運命の時計としての世界の見方だけではなくて、もっと変幻自在で、もっと気まぐれで、そしていたずらに満ちた宇宙の神々とのおつき合いという側面も含まれている。

例えば、こんなことがあった。土星が僕の太陽の上を通過したとき、まさに僕はアイデンティティ・クライシスのなかで悩んでいたのだが、土星がちょうど僕の太陽の上に乗ったその日、部屋の電球が夜中に切れて真っ暗になったのだ。予備の電球がなくて慌てたけれども、何だかくすっと笑ってしまった。

土星は「闇」を表す。心理学的なシャドウとの対決、という重大な意味を持ち込む一方で、宇宙はこのような文字通りの、そう、まるでオヤジギャグのような偶然をももたらすのだから。

何度も引用するジェフリー・コーネリアス氏は、古代ギリシアの占星術の文献を調べていて、「カターキー」という伝統があることを発見した。

これは、神々への問いかけとしての占星術であった。その伝統のなかでは、決して物事の是非を直接問うことはない。むしろ、「このようなことをすれば、神々はお喜びになるか」や「神々はそれを意図されているか」という問いであったという。

これは定まった運命をただ問うのではなく、神々と人間との、語らいとしての占いがあった、ということの証拠なのである。

ここには、ただひたすらに宇宙の「秩序」に従っていこうというのでもなく、あるいは自分の運命からひたすらに「解脱」していこうというのでもない、しなやかな運命観が現れているように思う。

ところで、ここで慌ててつけ加えなければならないことがある。このような不思議な占星術の世界に触れると、もはや「出生時刻」にこだわることは全く無意味だ、といっているように聞こえるかもしれないが、決してそうではない。

占星術が時間のアート、つまりある瞬間の星の配置を使っている以上、出生時刻や何らかの「正確」な時間をその出発点として用いることは必然である。

自分の生まれた時刻、問いが生まれた時刻を一生懸命、記録する。その行為自体が、宇宙の運行に対しての一種の敬意の表明でもあり、儀式的な営みになるのだと思う。そして、そこから出発した占いという営みが、いつしか自分と相手、自分と宇宙との境界が消えていくような、不思議で神秘的な世界へと導いてゆくのだろう。

ただ、そこで誤ってはならないのは、「出生時刻」と「出来事」が厳密に一対一で対応している、というような態度にはまりこんで、占いを疑似科学にしてしまわないことだろう。

「当たる」という感覚を大切に

ここでもう一度、占いが「当たる」ということを考え直してみよう。

懐疑的な人々なら、ここに挙げたような例はすべて「こじつけ」だというだろう。占いが当たる、というのは「思い当たる」ことにすぎないし、シンクロニシティは「意味のある偶然の一致」ではなく、「意味をこじつけられた偶然の一致」だというに違いない。

僕は、そうではないという直観を持っているけれども、まあ、これは証明が難しいから、百歩譲って、「こじつけ」だということにしておこう。

それに、ただ単に「思い当たる」だけの占いがよくあるのも事実であるから。

しかし、それでも僕はよいと思うのだ。

あまりにそれがいきすぎて、霊感商法で被害を生んでは困るけれども、この「当たる」という感覚を大切にしたい。

そもそも占いが当たる、と感じるときのときめきやワクワク感は、いったい、何であろうか。

占いで株の予想をする、といった実利的なこともあるだろうが、それは占いという営みのなかでは、さほど大きなウエイトは占めていない。

むしろ性格判断とか過去のこととかが当たっていて「ゾクゾクする」ことが多い。

これは一種の宗教的な感情なのだろう。

その場で「当たっている」と感じることなど、もうすでに自分が知っていることである。それがわかったからといって、実利的なメリットはほとんどないだろう。心理学的な占星術による深い自己分析などになれば別であろうが、たいていは、そこまではいかない。

しかし、それでも「当たっている」と感じる瞬間にドキドキするのは、自分がこの宇宙のなかで「一人ではない」、自分の人生が宇宙の運行と少なくとも共鳴し合っている、意味のある存在だと感じられたことにあるのではないだろうか。

天動説革命

占星術と科学が分かれたとき、それは占星術的な天動説（地球中心説）から地動説（太陽中心説）へと移行したときだといえるだろう。

それまでは地球は、そしてその上に住む人間は特別な存在だった。宇宙の中心に確固たる位置を占めていて、ちゃんと意味を持っていた。宇宙の惑星たちは祝福であれ、呪いであれ、何かしら人間のことを気にかけて、働きかけていた。

しかし、コペルニクスが地球が太陽の周りを回っていることを見出してから、地球は太陽を巡る平凡な一つの惑星にすぎなくなってしまった。

さらに、われらが太陽も、実は銀河を構成する無数の星々とそんなに変わらない、一つの恒星にすぎないこともわかってきた。

人間は神々に愛されて（あるいは呪われて）生まれ、生きているのではなく、ただの偶然の産物にすぎないのではないか、というニヒルな世界観に陥っても仕方あるまい。そんな灰色の世界なら、まだ呪いに満ちた世界のほうがましではないか。

少なくとも星の誘惑に打ち克《か》ち、欲望を浄化して、悟りに達せられると考えられる。魂のない宇宙では、それすらもできないのだ。

宇宙論だけではない。今の社会を見てもそうだろう。大きな会社のなかで、あるいは偏差値の表のなかで、人々の存在は、だんだんと誰とでも置き替えることのできる、取るに足りない存在のように思えてくる。自分一人が辞めても、その代わりはいくらでもいるような気になってきてしまうのだ。

それが現実だ、人生だ、その現実を強く生きろ、という声もあるだろう。けれど、人間は無意味に耐えられるほど強くはないと思う。

宇宙のなかで、社会のなかで、孤児《みなしご》になってしまうかもしれないこの時代の危うさのなかで、占星術の世界観は新しい意味を帯び始める。

いったん、地球を、そしてあなた自身を宇宙の真ん中に置いてみよう。そして世界がどんなふうに現れてくるか、偶然の出来事が何をあなたに語りかけてくるか、神々がどんないたずらを仕掛けてくるかを味わってみよう。

それは答えの出そうもない「自分探し」をほんの少し、超えているような気がする。

それはあなたの「内側」といっしょに「外」も見ることなのだから。

占いに「頼ること」はいけないのか

占いはだめだという人がよくいうセリフに、「占いは参考にする分にはいいけれど、頼ってはいけない」というものがある。

確かにその通り。

全面的に占いの言葉に左右されてしまったのでは意味がない。

しかし、逆にこんなふうに考えてはいかがだろうか。

占いに「頼る」ことはなぜいけないのか。

占いに頼るのがいけないと考えるのは、個人とは独立していて、自立した存在であるべきだ、というとても近代的な、新しい人間の理想像が背景になっている。

そのルーツは、古代の英雄像にまで遡《さかのぼ》るだろう。自分の運命は切り拓いていかなければならない、という勇ましい英雄。しかし、それは人間のありようとしては一つのスタイルでしかない。

大胆な説を立てることで有名な心理学者ジェイムズ・ヒルマンは、人格の中心とされる「自我」は「英雄」の元型から生まれているという。そして、近代人がことさら大切にする自我は英雄コンプレックスの一つのかたちにすぎないとすら断じる※。

何かに頼る、何かを信じることができるというのは、実は余裕があるということでもある。妄信的になってしまうのは感心しないけれども、神々のいたずらに満ちたこの宇宙に対して、気持ちを開いていてもいいのではないだろうか。

そして占いが「当たった」ときに、宇宙と自分の思いがけないつながりを感じて、喜んだり楽しんだりすればいいのである。

※ ジェイムズ・ヒルマン著、入江良平訳『魂の心理学』（青土社1997年）

占星「学」から星占いへ

こんなことを考えているうちに、〝占星「学」から星占いへ〟という言葉が浮かんでくるようになった。

今世紀に入ってからの占星術の潮流はすべて、「学問」に向かおうとするものであった。

ゴークランを筆頭とする科学的、統計的な研究は占星術を計量科学、厳密な科学に近づけようとしていた。

また心理学的な占星術は、占星術を臨床の場における学問にしようとしていた。

さらに「古典占星術」は厳密なルールの再発見に向かっていったし、そのスタイルは、法学をモデルにしているようなところがある。

しかし、はたしてそのような動きばかりが重要なのだろうか。

このような動きのなかでは、いわゆる雑誌の星占いが一段も二段も「下」に見られるが、本当にそうなのだろうか。

ほとんどの占星術家は、星座占い、星占いを「本当の」占星術の簡略版だと考える。なかには、そういう占いをしてはいけないという人もいる。

「本当の」占星術を誤解させることになるからだ。

確かにそれもわかる。

僕自身、「星占いなんて大雑把なものは信じられない」という声を耳にして、いつもイライラさせられるのだから。

しかし、こう考えてはどうだろうか。

もし、ここで見てきたように、宇宙のいたずら、シンクロニシティが占いの本質にあるのなら（そしてそう考える理由は十分にあるのだが）、データを細かくしても、それが客観的な意味で「当たる」とは限らないではないか。むしろ、聞く耳を持って、オープンな態度で星占いを読んで、そしてそれに接していったときに、それが思わぬ洞察を与えてくれることもあるのだ。

占星「学」と肩肘張って向き合っているときよりも、シンプルな星座占いのなかに、神々が語りかけることがある。

自分の星座、自分の星がある。シンプルな星占いでも、そのことを十分に告げてくれる。その瞬間に、はるかな宇宙が「あなたのもの」として立ち現れる。

人が忘れがちな、宇宙とあなたとのつながりが浮かび上がってくるのである。

あの星は何？

星とあなたとのつながりの感覚の回復、それこそが占星術の大きな意義だろう。

最後に、こんなエピソードをご紹介して、この本を終えることにしたい。

締め切り前で必死に雑誌の星占いの原稿を書いていた、ある夕方のことだ。

ラジオ番組のディレクターであるSくんから携帯電話に電話がかかってきた。

「ねえ、今、どこにいるんですか」

「もう！　家で原稿書いているよ」

と、ちょっと迷惑だよといいたげに答えてしまった僕。

「しょーがないな。すぐ外に出てくださいよ。あの星、何ですか。ほら、夕やけの空の、月の近くの」

「あー、宵の明星。金星、金星。その上にあるのが木星。わかるでしょ？」

もう、めんどうだなあ、なんて思っている僕に、彼はのんびりした声でいう。

「金星！　やっぱりね。金星って確か恋とか愛の星なんですよね。きれいだなあ。いや、今、目の前になんかいい感じのカップルがいてね、金星じゃないかなあって思ったんですよ。僕もあんなふうにデートしたいなあ」

ああ、なんということだろうか、僕はすっかり恥ずかしくなってしまった。

星がこんなにきれいな夕方だというのに、本当の星空を見ないでパソコンでシミュレートされた星を見ながら原稿を書いているとは。

彼のほうが、本質的な意味で占星術のエッセンスを実践しているではないか。

恋をしたい、という気持ちにひたっていた彼の風景のなかに、金星という恋を表す星と、彼が気持ちのなかで思い描くようなカップルが、同時に現れた。

彼のまなざしのなか、彼の宇宙のなかでは、星と地上の風景が、一瞬にしてつながったのである。

そしてそのつながりが、Ｓくんには、何ともいえない、一種の感動、詠嘆を与えることになった。これこそ、神々の粋なはからいであり、象徴的な占星術ではないだろうか。

「占いは当たるのですか？」

即座に、「イエス」と答えよう。

そこには二重の意味がある。

一つは、文字通りの意味で「当たる」ということ。それは、ささやかで小さなことかもしれないし、衝撃的に運命を、誰かの生き死にを予告していることであるかもしれない。

しかし、それ以上に「当たる」ということは人の胸を、心を「打つ」という意味だ。

占いが当たったとき、あるいは「当たる」と感じられたとき、人は自分の出来事に何か意味があったと感じることができる。期待や希望や祈りが大切なことであると思えてくる。そして、それが宇宙とのつながりの感覚を与えてくれるのだ。

では「占いはなぜ当たるのですか？」

そのメカニズムは、わからない。けれど、僕はこう答えたいのだ。

「それはきっと人がこの宇宙のなかで、何もかもから切り離された孤児《みなしご》ではない、そんなメッセージを宇宙が送ってきてくれているからだ」と。

そして「この宇宙はいたずら好きで、思わぬかたちであなたに洞察をもたらしたり、あるいはジョークをしかけてくるのだ」と。

『占いはなぜ当たるのですか』以降の鏡リュウジを知るために

本書、『占いはなぜ当たるのですか』は、いわば「若き」鏡リュウジの仕事であった。しかし、三つ子の魂というのは言い得て妙で、その後の基本的な僕の方向性もこのなかに潜在している。

その潜在的な方向性は、自著というかたちで散発的に、そして海外の優れた書物の翻訳紹介というかたちで一つの流れを作りながら、今に至っている。

僕自身のなかではその流れはかなり明確に一つの星座を作っているのだが、読者の方には僕が関わってきた本を結ぶ星座線は見えにくいことと思う。僕の場合には、軽い著作も含めれば出版点数はかなりの数にのぼるのでなおさらだ。そうした「軽い」本にもそれぞれ意味と意図があって、僕には大切な仕事ばかりなのだが、そうした多数の本や記事は、僕の根幹をなす思考や問題意識を見えにくくしてしまっていることも確かにある。

そこでこの機会に、本書を一つの座標点として自薦できる本たちのガイドをここに作らせていただきたいと思う。自薦ガイドを作るなど厚かましいとは承知の上だけれど、翻訳書も多いことでもあり、一つの区切りとしての出版物でもあるということで、なにとぞお許しいただければと願う。

そしてそれはより広い意味で、現代の占星術をめぐる問題や話題の系を浮かび上がらせることになると考える。

（なお、ここに挙げた本は原則的に占星術に関するものである。現在、品切れ、絶版になっているものもあるが、図書館や中古市場などでお探しいただければ幸いである。もちろん、みなさんのご支援で再版につながれば望外の喜びである）

リズ・グリーン『占星学』（岡本翔子との共著）
『サターン』（青土社）
『神託のタロット』（原書房）

ユング派心理学者にして占星術家リズ・グリーンの著書を僕は積極的に紹介してきた。

ユング心理学の手法を援用して現代占星術の象徴解釈を豊かに深めた。このような知的な占星術があるのかと驚愕《きょうがく》したものである。

グリーンによる象徴理解とその表現力は、いまなお、他の占星術家の追随を許さない。

20 世紀後半以降の世界の占星術に圧倒的な影響を与えた。2000 年以上のにおける占星術の歴史のなかでも、おそらく一つのメルクマールになる仕事を、グリーンはしている。

マギー・ハイド『ユングと占星術』（青土社）

本書でも取り上げているように、ビッグネームであるグリーンを果敢に挑戦し、建設的な批判を展開しているのがマギー・ハイドである。グリーンに感銘を受け、強い影響を受けた僕が、グリーンを批判しているハイドを紹介していることをご理解いただきたい。

ハイドはジェフリー・コーネリアスとともに Divination としての占星術という立場にこだわっている。「心理」占星術が、もし客観的にホロスコープを読めるというスタンスをとるなら、それはやはり宿命論から出ることはできないとハイドらは指摘する。ユングの「シンクロニシティ」論を新たな視座から分析するという意味でも、本書は重要な著作である。

トマス・ムーア『内なる惑星』（青木聡と共訳）（青土社）

元型的心理学者トマス・ムーアによる重要な著書。ムーアは英語圏ではCare of the Soul, Soulmateといったベストセラーの著書でも知られている。本書は事実上のムーアのデビュー作である。15世紀ルネサンスの哲学者にして占星術家でもあるマルシリオ・フィチーノの占星術的著書を心理学的な観点から読み返し、「こころ」「たましい」を内的世界にだけに還元しがちな現代心理学を鋭く批判する。

これは占星術による現代心理学の読み替えでもあり、これを読んでいただければ、僕が単に「占星術を心理学化しようとしてきた」のではないことをご理解いただけると思う。

ジェイムズ・ヒルマン『魂のコード』『老いることでわかる性格の力』（河出書房新社）

これは占星術の本ではないが重要なものである。ヒルマンはユング派の分析家であるが、極めてユニークな存在であり、ユングを独自の視点で乗り越えようとし「元型的心理学」の創始者となった。ヒルマンの思想の着想源には、ルネサンスの占星術がある。

われわれの人生を支える根本的な存在として「イメージ」があり、このイメージを体感する一つの重要なチャンネルとして占星術があったとヒルマンは見なしているようだ。

先のムーアは、このヒルマンの強い影響下にある。日本では河合隼雄、樋口和彦らユング派の分析家に強い影響を及ぼしたのもまたヒルマンであった。

ニコラス・キャンピオン『世界史と西洋占星術』（柏書房）

英国の占星術の実践者にしてアカデミズムに属する研究者であるニコラス・キャンピオンによる占星術の歴史書。

通常の科学史家、文化史家であれば17世紀において占星術は断絶したと見なすのが普通である。しかし、キャンピオンは実践者としての視点から、近代、現代の占星術と歴史上の占星術の連続性を強調する。占星術学習者は必携。

グレアム・トービン『占星医術とハーブ学の世界』（原書房）

17世紀までは占星術は、メインストリームの学問と不可分であった。特に医学との関係は密接だった。人間存在は宇宙のなかに確固たる位置づけられており、その関係でしか治療はできないと考えられていたのである。17世紀英国のニコラス・カルペパーは、リリーと並んで占星術が「学問」出会った時代の最後の占星術家である。伝統的占星術の世界を知るために、あるいは17世紀以前の世界観、宇宙観、人体観を知るための必携書。

リズ・グリーン『占星術とユング心理学』（原書房）

ユング心理学が占星術に与えた影響は本書でもかなり述べてきた。しかし、ユング心理学の成立そのものに対して占星術が与えた影響が相当に大きい可能性がある。実践者から研究者へとその立ち位置を変えたグリーンは、新資料を用いてユングと占星術の関係を新たに論じ直している。極めて重要な著作。

鏡リュウジ『占星綺想』（青土社）

僕は19世紀以降の現代占星術から占星術の世界に入ってきたが、90年代以降、復興してきた17世紀以前の占星術にも関心を寄せるようになった。

本書は、まだ日本で「伝統占星術」の本格的な紹介が始まる以前に、その世界を見せた先駆的な著作となっている。

鏡リュウジ『占星術の文化誌』（原書房）

占星術は単なる狭い意味での「占い」ではなく、西欧文化に広く深く根を張っている。

文学、音楽、メディア、医学、美術などに見られる占星術の痕跡を拾い上げてゆく内容。

本書ではガリレオやケプラーなどいわゆる「科学者」の占星術と、プラトンにはじまり、哲学のなかにおける占いの位置を論じていないのが心残りであるが、これは次の課題としたい。

中山茂『西洋占星術史』（講談社学術文庫）

世界的な科学史家である中山茂の定評ある占星術史の文庫化にあたって、解説を書かせていただいた。

現代の占星術の研究史において、実践者たちの貢献がいかなるものであったかについて紹介している。

「ユング心理学研究第 10 号『占星術とユング心理学』特集」
（創元社）

2017 年の日本ユング心理学会における基調講演を収録していただいている。

諸富祥彦ほか編『最新！　トランスパーソナル心理技法』
（コスモスライブラリー）

拙論「トランスパーソナルセラピーと占星術」所収。

鏡リュウジ『占星術の教科書』（原書房）

ここに上げている本のなかでは唯一、実践書。

現代占星術におけるホロスコープの読み方のマニュアルになっている。

The Astrological Journal May/June 2019
Ryuji Kagami "Saving the Dying God :Jung's Red Book and Astrology"

英国占星術協会における発表を収録。（英文）

補遺

「占星術は占いか?」

ジェフリー・コーネリアス

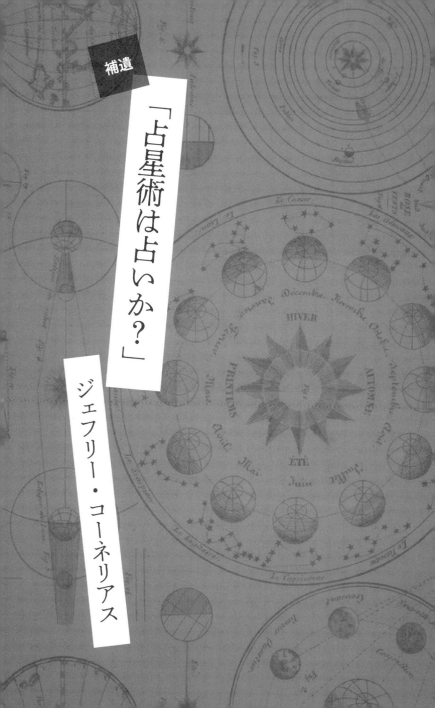

以下の講演録は、英国における占星術の重鎮にして、カンタベリーのクライストチャーチ大学において教鞭を執られるジェフリー・コーネリアス博士による大変重要な講演録です。

本来なら本書においてしばしば引用、参照させていただいたコーネリアス氏の主著Moment of Astrology（占星術実践の本性とは何かを考える上での極めて重要な基本図書、seminal workとして評価されています）を邦訳紹介させていただきたいところなのですが、これはかなりの紙数もあり、日本の市場では全訳して出版することは難しそうでもあり、氏の議論のエッセンスでもあるこの講演を、氏のご許可を得た上で翻訳し、ご紹介することにしました。

許可を下さったコーネリアス氏に深く感謝いたします。

日本人のわれわれにとっては、占星術は「占い（Divination）」であるといっても、まるで当たり前のように思われるかもしれません。しかし、もし占星術を「卜占」であるといえばどうでしょう？　占星術が易やタロットと同じようなある種の偶然性と直観、そして実践者の参与に大きく関わっているものだといえば？　ここで混乱する人が多いのではないでしょうか。占星術は、一種の「統計学」のようなもので、ある種の客観性がある「学問的」なものだという見方がやはり強いのではないでしょうか。西洋において、占星術はその発展のプロセスで因果論に基づく一種のサイエンスであるとする理解が極めて強くなりました。プトレマイオスの占星術はまさにそうでした。

しかし、占星術そのものの実践は、近代的な意味での「科学」とは程遠いものであり、占星術を客観科学として理解しようとする試みは、ほとんど無残な失敗をしてきました。ジェフリー・コーネリアス博士のこの議論は、占星術の根底には、「オーメン」を占い手が参与して読むというDivinationとしての本性があるということを示そうとする、極めて重要なものです。

翻訳の底本にしたのは、以下のサイトに掲載されているものです（カーク・リトル氏が運営されるこのサイト、コスモクリティックは「占星術」実践の本質を考える上で極めて重要な論文を集めています）。〈http://www.cosmocritic.com/〉

またコーネリアス博士のウェブサイト、Astrodivination〈https://www.astrodivination.com/〉においては博士の著書 Moment of Astrology への補足など情報がアップデートされています。

是非ご覧ください。

鏡リュウジ

Is Astrology Divination and Does it Matter?
by Geoffrey Cornelius

占星術は「占い・卜占(Divination)」か？そしてこの問いは果たして重要なことなのか？

ジェフリー・コーネリアス

以下の記事は1998年5月22日、ジョージア州アトランタにおけるユナイテッド・アストロロジー・コングレスにおける講演に基づいている。

またこれはThe Mountain Astrologer 81号 1998年 p38—45において掲載された。

ジェフリー・コーネリアスはいくつかの細かな変更を加え、2000年にCURAのウェブサイトでも公開されている。

私の講演の今日の主題は、占星術は「占い・卜占（Divination）」なのか、というデリケートな問題です。

みなさんの中には昨日のトマス・ムーア氏の基調講演をお聞きになった方もたくさんおられることでしょう。

ムーアさんは、占星術の「占い的（Divinatory）」な面を取り上げられました。そこのことで驚かれた方も多かったはずです。ムーアさんは、占星術家は自分たちが「神託を得るように占い」をしている（divine）ことを認めるべきであって、占星術を宇宙の影響力を読んだり、あるいは推論したりしているのだと考える方向に進むべきではないとおっしゃったのです。おそらくは（ムーア氏のように、占星術から少し距離をとっている人か、あるいは占星術のシンボルは愛しているものの、ホロスコープを実際には使わないような人のほうが、私たちのアートの本質をより正確に観察することができるのでしょう。

しかし、私たちの多くは、「占星術が」占いだという指摘には好まないでしょう。もし、占星術が卜占《ディヴィネーション》なら、私たちのアートの持つ客観性を低くみつもってしまうことになるからです。しかし、私の意見では、まさにこの占星術の経験を客観化しようとする視座こそ、私たちを呪縛《バインド》しているものであり、……そして盲目《ブラインド》にしているしているものにほかならないのです。

「占い（Divination）」とは、しばしば、ある種の直感を意味して広く用いられる言葉です。芸術《アート》・技芸であれ科学《サイエンス》であれ、我々の営みのうち、最高の状態ではこの素晴らしい直感の能力が関わってくるものです。ですから、こういっておけば「すべての素晴らしい営みに直感が関わるものだといえ」、皆さんも同意してくださるでしょう。

そしてこんなふうにおっしゃるかもしれません。「結構、その意味では占星術は占いですよね。でも、だからどうしたというのです？」

私の今日の目的は、この「だからどうした？」をさらに深めることにあります。

今日、私が申し上げなければならないことのいくつかの点には、お気に召さないこともあると思います。それでも、どうか私の話を一通り聞いていただきたいのです。私がこれから申し上げることが気に入らないのか、その理由を言語化していただけるようになることは大切なことだからです。そのことによって占星術の本性《ネイチャー》とは何かがもっとはっきりしてくることでしょう。

私が占星術に出会ったのは、易と、占い《ディヴィネーション》への愛を通してのことでした。つまり、私は占星術の実践に対して以前からある特定のかたちで接していたのです。すなわち、他の形態の占いの実践という文脈を通じて見ていたことになります。最初から私は、ホロスコープを、ランダムに切るタロットや、筮竹《ぜいちく》による占いのようなものとして見ていたのかもしれません。

　しかし、最初に触れた象徴的思考の体系が占星術であった人にとっては、また違った経験となっていることでしょう。そうした人々にとって占星術は、いつでもどこでも機能する、普遍的で非人格的なパターンが存在することを示す法則的なものであり、決してランダムなものではないと感じられているでしょう。そこには占い手自身が占いをするという決断そのものが結果を左右するというような余地はあるはずありません。

　若いころから占いや象徴体系には大きな興味を持っていた私は、占星術に関心を持ったころには熱心に占星術の講座に通い、このテーマに関して理解を得ようと本もたくさん読みました。しかし、占星術に関するどの講座にも、あるいはどの本でも、「占い（Divination）」という言葉はまず出てこなかったのです。あったとしても、ただ、先ほど述べたようなかたちで、占星術は何か高次のリアリティを直覚《インチュイト》（＝直観）させるものである、という意味で出てくるだけでした。

占星術の正当な実践……すなわちその方法論、技法、そしてその解釈の仕方《モード》といった面で、占星術が易、タロット、紅茶占いなどなどといった「卜占（Divination）」と呼ばれる営みと同じような理解ができるといった記述はなかったのです。

私の理解においては、私たちの実践の核にあるのは、その起源において予兆の読解（Omen Reading）でした。星の予兆を読む術は少なくともメソポタミアの文明にさかのぼります。古代においては、予兆は重要なものとして観察される意識の状態があったのです。このモードや考え方は、この世界全体には私たちに近いものから遠いものまで、さまざまなレベルの霊的存在や知的存在が充満しているという古代の概念と密接に関わっていました。

このような考え方は、惑星や星たち、そして自然のすべては本来的に神的な存在であるという多神教的、異教的な社会によるものです。占い手（Diviner）と星の観察者（Stargazer）の仕事とは、これら霊的存在の意志とその振る舞いと、いかに彼らが私たちと関わり合うかを占う（divine）こと、すなわち知ることだったのです。

では、いかにして占い手はこれらのことを知ることができるのでしょうか？占い手は、（霊的存在からの）開示（showing）を探し求めます。それは、神あるいは精霊が占い手に直接、あるいは占い手が占う部族か国に与え、送ってくるサインです。

ここで「直接」という言葉に注意してください。神あるいは精霊は一人称（I）として語ります。そして第二人称である占い手（thou 汝《なんじ》）に、それを伝えるのです。

神は私たちが気にかけていること、私たちの望み、問いかけに応答します。そ

して兆し《オーメン》を通して語りかけてくるわけです。これこそ私たち占星術家の営みのルーツであり、起源なのです。

　占星術の古典的なモデルが完成すると、しかし、この兆し《オーメン》における「我と汝」の対話は失われてしまいました。後の時代の占星術は、天の影響力を抽象的で、普遍的、そして合理的なモデルとして構築してしまい、このモデルが「いま、ここ」に現れる予兆の、自由《カオティック》で親密な現れの座としての占星術にとって代わってしまったのです。この抽象化が、占星術実践において絶対的な本質である何かを覆い隠し、忘れさせてしまったのだと申し上げたいのです。そしてそれ「古い予兆としての占星術」を忘れることが、概念上においても、精神的な意味においても、空虚を導いてしまった。

　何年もの間、私の愛する占星術の実践の中核《ハート》には聖なるものがあると感じてきました。そしてそれはとても啓示的なものだとも考えてきたのです。

Is Astrology Divination and Does it Matter?

by Geoffrey Cornelius

私には仏教の法《ダルマ》に深く頭を下げる友人も、敬虔《けいけん》なクリスチャンや神秘主義者の友人たちがいます。そしてその友人たちは、誠実にこんなふうに尋ねるのです。「あなたのその実践はどのような良きことのためにあるのですか？　なぜあなたはそれをやっているのですか？」

極めて難しい質問です。私の知る限り、西洋の占星術の歴史のなかで、この問がきちんと問われたことも、あるいは答えられたこともありません。

占星術のスピリチュアルな性質、あるいは私たちと何か神的なものとの関係を信じることについての問は、私たちの古典的な伝統からは排除されてしまっていたのです。

教父たちがあらゆる形態の異教を攻撃するようになってすぐ、占星術家たちは自分たちの技芸が超自然的な知を授けるものだとはいわないほうがよいと悟るようになりました。イスラームであれ、キリスト教であれ、占星術家は異端

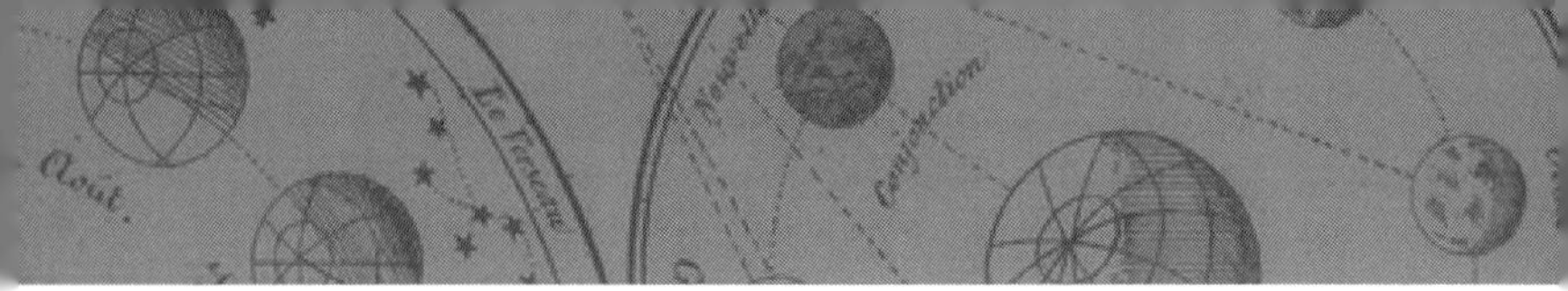

の嫌疑をかけられる恐れがあり、ときにそれは死を意味したのでした。

　私たちのやっていることが超自然的なものであるかもしれない、あるいは神々や精霊たちと関わるものであるかもしれないという事実は、占星術の古典的な伝統においてはまず考えることも許されないことだったのです。それは一神教とギリシャの合理的哲学の圧倒的な力を前にしては許されざる考えでありました。

　予兆による古の占星術の居場所は、神託や鳥卜、籤《くじ》による占いとともになくなってしまいました。ただ、誕生の瞬間に物事の種子に働きかけるスピリチュアルな影響力として合理化された占星術にのみ、その居場所は見出されました。霊的──科学的因果論としての占星術です。これは、プトレマイオスによって私たちに与えられた、大いなるモデルなのです。そして、このモデルはイスラームの占星術、そして西洋の伝統全体を通じて保持されていくことになりました。

知的な批評家はいいます。占星術家たちは彼らが生きてきた時代の文化や価値観のなかで生き延びようと自分たちを偽装し、その実践を巧みに継承してきたのだ、と。これはまさにその通りです。象徴的意識の、この驚くべき体系はこのようにして生き延びてきたのです。

ここ2千年の間、私たちはアリストテレス的科学で自分たちを偽装してきました。そして、私たちは、2百年ほど前に占星術が復興した時に自分たちを近代科学のなかに入れ込もうとして、生物磁気、電気、後には電波の効果であるとみなし偽装してきました。深層心理学もまた、まさにそのような偽装の最新版でしょう。おそらく、そうするほかにはなかったのです。このような象徴体系は身を潜めるほかにどのようにして生き延びることができたというのでしょう？　これはオカルト主義者ならすでに知っていた生きる術《すべ》……ある特定のことは口にしない、というやり方です。

私たちは普通、批判者のことを頭に置いていませんし、ただ、占星術を実践していくだけのことですませています。それはよくわかります。しかし、私たちの敵対者は同時に私たちにとって、真の意味での教育的な存在でもあるのです。

占星術に対しての最大の攻撃の一つは、およそ5百年前、15世紀後半のイタリアで起こりました。当代最高の知識人と噂され、極めて優れた占星術でもあったマルシリオ・フィチーノと、その生徒であったピコ・デラ・ミランドーラはフローレンスの占星術師たちを天から得る力によって、神託で人間の運命を決定的に知ることができると信じていると、「嘲笑」したのです。

ピコ（１４６３〜１４９３年）の「卜占的占星術（Divinatory Astrology）反駁」は17世紀に至るまで、占星術への批判の決定的なモデルとなっていました。彼らルネサンスの魔術師は「人文主義者《ユマニスト》」と呼ばれます。彼らはどんなかたちであれ、決定論、宿命論を厭《いと》うからです。そこには星による決定論も含まれます。決定論は人間の魂の自由と尊厳を脅かすというわけです。

彼らは、真の意味での魔術を実践していました。そう、イメージの、呪文と召喚の、カバラの、そしてキリスト教そのものの魔術です。歴史のこの時点において、魔術と呼ばれる想像的意識とホロスコープのクラフトは道を違えました。と同時に、ピコにとって占星術の理論における、アリストテレスとプトレマイオスを使った偽装を見抜いて解体することは容易《たやす》いことでもあったのです。

したがって、占星術と、ルネサンスの魔術的―宗教的人文主義の分離と見えたものは、結局、占星術と科学の分離でもあり、17、18世紀に最終的なかたちをとる科学的啓蒙主義による、私たちの技芸の哀退の先触れでもあったというわけです。

ピコ以降、ホロスコープの術が真剣に知的な扱いを受けることはなくなりました。

私たちにとって重要なのは、魔術師や象徴主義者《シンボリスト》によるこの批判が、当時の占星術家たちの愚鈍で物質主義的な教義に対してのものであったことを理解しておくことです。では、この物質主義はどこから来たのでしょう？　私の見るところ、これは占星術家たちが自分たちの技芸を偽装するために長らく採用してきた、擬似―因果論的、擬似―合理的な構築物に由来しています。

では、現在、私たちはいま、科学としての占星術という問題について、どこに基盤を求めようとしているでしょうか。近年においては、特にアメリカ合衆国においては、占星術を科学的に証明しようとする試みは後回しにされているように見えます。何年か前までは、特にゴークランの仕事が大きなテーマとなっていましたが、今からすると、これはやや過去のことに思えます。

科学的調査に対して反論するのは、私の意図するところではありませんが、しかし、科学的調査は占星術に益するところが大きいとは思えないのです。私たちの営みは、現代の科学に適用されるような観測結果には根ざしていません。だから、ほとんどの占星術家たちはこうした調査や統計の結果にあまり心動かされることもないわけです。

かつて、幸運にも、そして無鉄砲で、もしかすると愚かにも、パウル・クルツ（Paul Kurtz）と言葉を交わす機会がありました。アメリカの雑誌、「ヒューマニスト」で、１９７５年に大きな占星術攻撃の記事を掲載させた中心人物の一人です。

ロンドンで開催されていた、懐疑主義者たちの会議に出席した折、コーヒーマシンの前で彼を捕まえて話しかけたのです。気の毒ではありましたが、マシンからコーヒーを取り出そうとしている氏に、私はこういいました。

「私は占星術師です。お会いできて嬉しいです。ところで、私は占星術師が科学的な主張をしたとすると、あなたのような方たちの気を揉ませてしまうことを知っています。でも、もし占星術師がこういったらどうでしょう？　私たちがやっているのは天に関する事象への、詩的な解釈なのです、と。」

　氏はこうおっしゃってコーヒーを手にされました。「それなら結構、いや、本当にそれなら結構なのですよ」。

　つまり、占星術を強く批判しているパウル・クルツやノーベル賞受賞者たちも、私たちが詩的天文学をやっているのだといえば、ほおっておいてくれるということなのです。彼らは占星術家たちが科学的思考やその力の総体に対して何か発言しようとし、それをいかに占星術が有効であるかを説明する基礎としようとしたときに、問題視するというわけです。

　私はパウル・クルツが真っ赤に怒るのを見ても、氏を非難しようとは思いません。問題を下手なかたちで提示し続けていたのは私たちの方であり、私たちからの［疑似科学的］攻撃はブーメランになるのは目に見えています。これは私たちの業《カルマ》なのであって、あの人たちのせいではありません。

占星術が批判され、攻撃されたとき、重要になるのは私たち自身が自分たちの主題についてどのように主張しているかを振り返ることです。これは私たちを攻撃している人たちの愚かさについて文句をいうこと以上に重要なのです。私には、私たちが正直な答えを用意できているとは思えません。占星術家が物理学や生物学になにがしかの理解をもっていると匂わせることすら、不誠実なことだと思っています。

ここで、例えば「私たちがやっているのは、ある種の象徴的イマジネーションなのです。私たちは、これが現実的な効果や結果をもたらすと信じています。これはあなた方のような心理学者か、超心理学者が検討すべきものでしょう。私たちの営みは、実際には、現実の性質、あるいは精神の性質についての何か驚

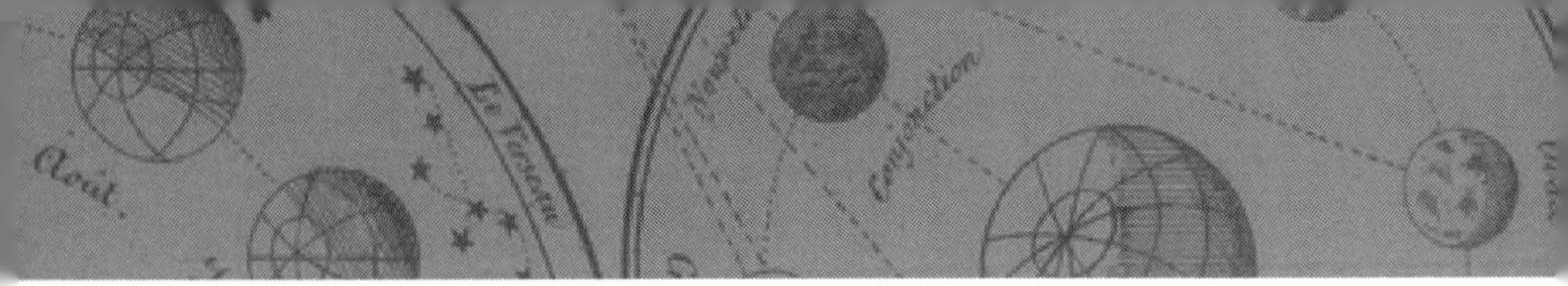

くべきものを示唆《しさ》するような、人間のイマジネーションの特筆すべき力に関わることなのです」といえば、私たちの足場はもっと堅牢なものになることでしょう。こうなれば、真の科学、真の学問にふさわしいものでしょう。しかし、さもなければ、私たちは分断され、誤った戦いに巻き込まれるだけなのです。

奇妙でもあり、神秘的なことでもありますが、この世界には宇宙とのある種の応答関係が存在します。それは万物照応という古い教義でいわれているようなものであり、これは霊的――科学、あるいは未来の科学の対象に値するものでしょう。

同じように、ゴークランによって示されたような現象は、脇に追いやることもできません。これらが間違いなく、科学の一角に対して挑戦を仕掛ける何ものかです。

占星術家がこれらの現象から目を背けなければならない理由はありません。

しかし、だからといって、このような現象が私たちの営みの基盤であるという理由もない。ここが厄介な点なのです。

このパラドクスを前にして、ここでご提示したいのは占星術における重要な分類です。「二重の概念」というべきものであり、占星術には二つの体系があると考えるのです。それを自然占星術と卜占的（Divinatory）占星術と名づけましょう。

Divinatory Astrology という用語で、私は古い用語である判断占星術（Judicial Astrology）とほとんど同じことをいっています。それは、特にホロスコープから、特定、個別的な判断をする技術のことです。確かに、占星術には物理的、客観的な面もあります。それは事物における自然の法則の隠された神秘です。そこには現在の私たちの科学にすら認められる、何がしかの客観的な現象も含まれるでしょう。

これらはすべて「自然」の占星術に属することです。けれど、あなたや私がホロスコープを判断するときには、私たちの判断はこれらの内容、あるいはカテゴリーには含まれないものに基づいています。

確かに占星術家たちが過去数千年の間に見出してきた、純粋に物理的な参照物やこの宇宙という構造のなかの神秘的なつながりも、そのなかにはあるかもしれません。しかし、同時に、ホロスコープを解釈するという一期一会の営みは、純粋に主観的であり、想像力に満ちた創造でもあります。この二つが同時に存在することは可能なのです。

別の卜占的（Divinatory）な形式を例えに考えてみましょう。易をみなさんもご存知でしょう。そしてそれが有効であることも。易は—それ独自のかたちで—客観的真実を与えてくれます。易は、自然の事象（風、水、木）と親和性を持つ八卦《はっけ》に基礎をもっています。

易によって占い（Divination）をするときには、私たちは自然の事物に対応する八卦を扱います。しかし、それは風や水、木といった実際に私たちがすでに知っている自然についての客観的真実に基づいているわけではありません。これらは自然から取られたイメージなのであり、吟味《ぎんみ》すべきなのは自然からのイメージです。

私たちはこれらのイメージから即座に、創造的な作業を通してある状況についての意味を解き明かすことができます。それらは字義的《リテラル》な意味での木や風には依拠していません。

このように、他の象徴体系を用いるときには、私たちは字義的になる必要はないということは明白であるのに、私たち占星術家たちは、こんなにも字義的になってしまうのです。そして私たちのこの字義性は、惑星、星座、ハウスの解釈の美しさに由来するものではありません。

しかし、その最も基本的な事実によっています。それは私たちがどの瞬間に占星術という形式を得ているか、ということです。私はこれを誕生の瞬間（Birth Moment）と名づけましょう。これについては後でもう少しお話しすることにします。

占星術家のなかには、象徴からの推論が占星術家の主観的、創造的プロセスによるものであり、自然界の物理的プロセスによるものではないという考えを受け入れられない向きもあるでしょう。実際、プトレマイオス的、アリストレス的バックグラウンド全体は、この線にそって考えることを許しませんし、私たちを現実の時間における惑星、現実の時間の影響力の思考へと引き戻していきます。

お望みであれば、それを「シンクロニシティ」と呼ぶこともできるでしょう。しかし、それでもなお、私たちは天文暦に記された物理的惑星の物理的位置について議論しているのです。

「ああ、天王星という惑星が実際にそこにある。これを私がでっちあげているわけではない」というわけです。

けれど、当然のことですが、私たちに天王星がこの現実世界のなかに顕現しているように見せているつながりがあるわけです。このつながりはどこに由来するのでしょう？

この小さな創造、この意識的な出来事が、太陽系のなかに天王星を、そして出来事をともに、見せています。そしてそれが関連を知るというわけです。それはいったいどこからくるのでしょうか。

おそらく、ここで、カール・ユングが助けになってくれるかもしれません。20世紀において、ユングは占星術家たちにとって、おそらく最も重要な随一の影響を与える人物であります。私たちが、頑迷な合理主義者と議論しようとするときにはいつも、私たちが自分たちを正当化するときに、そう、現代において有効なかたちで話をしようとするときに、出発点となるのがユングなのです。

ユングによる、シンクロニシティとしての占星術というのが、ここでの鍵になります。――非因果律的つながりの原理です。ユングの議論は私がみなさんに提示した問いを先取りしています。すなわち、占星術は（タロットや紅茶葉占いのような）卜占（Divination）なのか、ということです。もしそうなら、占星術は（表やチャート、原子や分子などの）自然のなかに確立している客観的な事実ではなく、想像的な創造によっているということなのでしょうか。もしそうならそれは主観的なものなのでしょうか？　言い方を変えれば、占星術によって理解してきたものは私自身の主観的な創造であるということでしょうか？

ユングはこの論点に沿って、極めてぴったりの解釈を占星術に与えることができたかもしれません。占星術で起こる結果はどんなものであれ、ある瞬間における元型の非合理的なブレークスルーによるものである……つまりシンクロニシティである、ということになります。

しかしながら、ユングがフランスの占星術家アンドレ・バルボーに宛てた書簡に明確に見られるように、占星術において起こることは、多くの場合、シンクロニシティとして分類できるものの、すべての現象をこのように説明するのは誤解を招くものとなるでしょう。因果律、シンクロニシティ、そしてシンボルなど私たちが今手にしているカテゴリーは、このような事柄に対して私たちの頭が当てはめているものにすぎません。

「自然はそんなに単純ではない（Nature is not so simple）」とユングはいっています。実際の物事のありようは、「自然」を捕まえて私たちの棚やカテゴリーに入れ込もうとするどんな試みも、打ち負かしてしまうのです。

みなさんはきっと、私がユングの複数の観点を、私の見方を支持するために

引用した理由をお察し下さることと思います。現実的に論を進める上で、占星術についてはこの二重の概念を認めるほかなく、全部をひっくるめてすべての現象を一つの観点や「説明」カバーなどできないということなのです。

しかしながら、私が強く主張している点を忘れないでください。ホロスコープの判断という私たちの営みと、その判断から私たちが得る結果は、卜占(Divination)であり、心的創造性という深淵な次元を含んでいるという主張です。

ここで、もう少しユングに従って先に論を進めていきましょう。実践的な占星術が卜占であるという示唆についてです。ここでは、占星術が「隠喩的《メタフォリック》な鏡」であるという考えを取り上げようと思うのです。

現代の占星術家の多くは、星たちや惑星たちが、現実におけるもう一つの状況に対する隠喩《メタファー》ないしアレゴリーであるということは納得するでしょう。私たちはシンボルの鏡を状況に持ち込み、鏡のなかを覗《のぞ》き込んで読みます。そしてそれを実際の現実へと引き戻すのです。

これは占いやシンボル体系を描写する一つのやり方でしょう。占星術家たちはこういうでしょう。「ええ、それはもちろん隠喩的《メタフォリック》ですとも。火星は、普通の意味では物理的なかたちでは私たちにいかなることもなしません。私たちは人間の生活の真実を詩的なかたちで明かすために火星というメタファーを用いるのです」と。

しかし、ここでこう問わなければなりません。ではいったい、誰が、何が、この見るという行為を行っているのでしょうか。それは心です。それも第一に、占星術家の心なのです。占星術家の介入を抜きにして占星術という空間は生まれず、また、鏡も見るという行為も存在しないでしょう。

この占星術家の介入はある意味、霊媒的（mediumship）なものです。原理上、

定義的にいって占星術は観察することを意味するわけですが、しかし、深く見れば占星術家は根本的なところでシンボルを見るという行為のなかに織り込まれているわけです。

　このような見る営みは近代科学の方法論とは異なっています。近代科学においては、観測者を観測されるものと分離させなければならないからです。私たちはここで神秘に出会うことになります。占星術のシンボルに見られるイメージは、主観的なものなのでしょうか。あるいは客観的なものなのでしょうか？自然はそんなに単純ではありません。メタフォリックな鏡に映ったイメージは、この現実の世界へと踏み出してしまうのです。

　ホロスコープをメタフォリックな鏡だと見る観点は、卜占（Divination）としての占星術を説明するアプローチとしてはかなり有効だとは思いますが、それだけでは出生占星術の怪しげな擬似—因果論的で決定論的な基礎とされているものを揺るがすには十分ではありません。それは、出生時刻というものの持つ、字義的な解釈があまりに強力なためです。時計が示す時間としての、客観的な瞬間には究極的な地位が与えられているのです。これは「メタファー」ではない、天体による因果であり、「同じメタファーといっても」出生の時計による時間にそれを「メタフォリック」なパターンを植えつけています。

ここで立ち止まって考えてみましょう。出生時刻というこの意味性(significance)は、さまざまな人間の活動および、もちろん、占星術師によってその意味を与えられているわけです。言い換えれば、出生の瞬間は、占星術家によって生物学的瞬間だとして扱われている。それは何がしかのメタフォリックなパターンだとしてみなされている。出生時刻は、人間にとって重要な意味性をはらむ劇的でエモーショナルな瞬間であり、そのときの惑星はこの意味性を反映する象徴的手段として扱われているわけです。つまり、ここでメタフォリックな鏡に映し出された意味性を「見る」ものがいなければ、この意味性は存在しないのです。意味性を与えているのは私たちです。星ではありません。

私がここで述べようとしていることはとても神秘的に見えるかもしれません。しかし、実践の場ではこれは明瞭に現れてきます。私が占星術を教えてきた経験からいうと、生徒たちは出生占星術以外の占星術をやるようになると、彼らの態度は大きく変化し、ブレークスルーが訪れるものなのです。

例えば、ホラリー占星術を学びはじめ、ホラリーが実際に有効であることを知ると、そのなかには一種の客観性があることも気がつくようになります。しかし、既存の合理的な分類はこの実践によって完全に揺るがされます。

ホラリーは、因果的な説明や、出生時刻といった始まりの時間のモデルでは全く説明できないものだからです。本物のホラリーは人間の生活の状況を天によって直接的に描写されます。それは、あなたにとっての「今」「ここ」であり、あなたがどんな状況を見ているのであれ、それはあたかも天空が今のこの瞬間を細部に至るまで突如として鏡のように映し出しているかのようです。この本物の瞬間・契機（moment）はある始まりの（inception）のチャートにおいても起こります。このような照応関係がいかに可能であるか。合理的な方法ではどうしても説明できません。

古典的な占星術は、全体としてホラリー占星術の扱いに難儀してきました。そこで普通はそれを抑圧しようとしています。知的な占星術家なら誰でも、そして占星術を観察してきた哲学者たちは何世紀もの間、占星術をはっきりと卜占（Divination）と見なしてきたのです。しかし、ホラリーはその占星術家にこんな問を発することになります。

占星術のすべて、そう、出生の影響力によって作動するように見える誕生占星術でさえも、実際にホラリー占星術と同じ原理、秩序によっているのでしょうか。私は、そうだ、とお答えしようと思います。

ト占としての占星術の理解を進めるもう一つのテーマは、誤ったマップの問題です。クライアントを扱う多くの占星術家はこんな経験をしています。

極めて良く当たるチャート……普通のとき以上に正確な結果を出すチャートが、後で調べてみると、サマータイムの経験違いで1時間違ったものであった、などというケースです。アングルへの精緻《せいち》なプログレッションやトランジットをすでにやっていて、それはよく当てはまっているのにも関わらず、それは誤ったチャートだったのです！　このような経験をしたことがない占星術家は少ないのではないかと思います。

既存の理論とモデルに従う知的な占星術家であれば、次のような半端な懐疑主義者の立場を採るほかありません。「ああ、なんてことだ。私たちはシンボルのなかにどんなことだって、こじつけてしまうことができるんだ」。しかし、これはあまりに寂しく弱いスタンスです。

ジェフリー・ディーンが編んだ論文集『出生占星術における近年の進歩』で、この現象を興味深そうに報告しています。占星術に対しての科学的な批評家からすれば、これは占星術を窓から全部投げ捨てるようなものに見えるでしょう。ここには客観性は全くありません。そして、もし出生占星術が生理学的に客観的な出生時刻に基づくというのなら、誤ったチャートが効力を発揮するということを合理的に説明するのは、ほとんど不可能であるというのも事実です。

しかし、私がすでに述べたような、卜占的、あるいはメタフォリックな視点からいえば、重要なことはホロスコープが実際に自らを示す、あるいは「出てくる（come up）」ということなのです。この神秘的な事態は、マップが実際のある瞬間の天体の配置が影響を与えるから作動するのだ、ということでは正当化できません。これはマップの作動の仕方ではないのです。

ホロスコープは、心と気持ちの動きが何かの道具立てによって象徴的形態をとるということで作動しています。そして、占星術家にとって普通の、そして正しい道具とは、儀式という意味で、正確な出生時刻を探し出そうとする真剣な行為なのです。

ただし、これは儀式としての６ハウスの意味であり、技術的な面としての６ハウスではありません。

もう一度申し上げましょう。占星術の有効性はマップの正しさに依拠していないのです。それは占星術家が神秘的に相談者や素材に関わっていくときの、その心のプロセスに関わっています。もちろん、占星術の正しい理解は物理的時間の客観的瞬間が実際に与えられかどうかにかかっているか否かについて、少なくとも疑問を投げかけるに足る理由があるわけです。

例えば、航空機事故のパターンを調査しようというのは愚行への道です。破局的イベントのホロスコープのほとんどは、意味のないチャートなのです。ミッドポイント、ハーモニクス、あるいは他のどの詳細な技法を使ったとしても、チャートからその特徴をつかみだそうとするだけでは、ただただ無駄な試みでしょう。時計の時間のある特定の瞬間モーメントが特定のパターンに従うとどうして期待するのでしょう。ある瞬間はそこに意味を見出す誰かがいない限り、意味を持たないのです。卜術としての占星術（astrology as divination）としての観点からは、心的関与こそが意味あるシンボルへのカギとなります。

これは、わが親愛なる占星術界の友人たちには受け入れにくい議論を含んだものであるということは理解しているつもりです。

ここで、この議論についての主要なテーマにもう一度焦点を当てて、図を用いてメインの問いを明確にさせて結論に向かうことにいたしましょう。私は占星術という現象のある部分は自然界に属しており、原理的に科学的探求、調査の対象になり得ると申し上げました。しかしながら、私たちの営みの大きな部分は、人の性格についてのものであれ、人生の出来事についてのものであれ、シンボルの解釈を通してなんらかの推論や判断を導くものであります。そしてこの営みは占い（Divination）であり、科学ではないのです。

　私たちが占星術をなんらかの科学であると考えるなら……その科学が近代の唯物論的科学と捉えようが、アリストテレスによって与えられた精妙な中世の霊的科学のモデルと捉えようが……この図に描かれた境界線が分けている用語

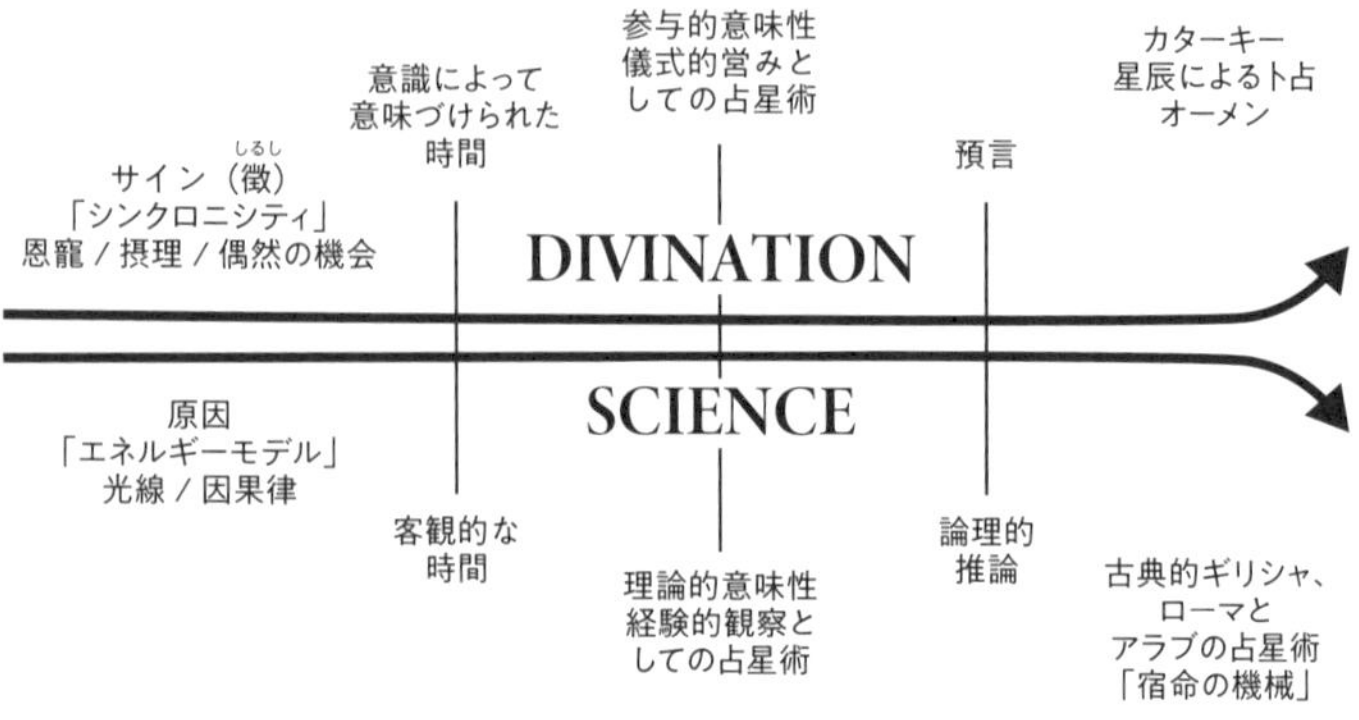

に従って議論をしていることになります。

　中世でも近代でも二つのタイプの科学は占星術についてのエネルギーのモデルに私たちを誘っています。惑星の光線《レイ》、ある種の因果関係（それが〝スピリチュアル〟なものであれ）、あるいは共時性と偽装された（あるいは誤解された）擬似―因果性などです。

　この図はしるし《サイン》と原因《コーズ》の間の分割を例示しています。私が信じるところ、ギリシャの時代から占星術はこの二つの可能性をうまく区別できず、ずっと混同してきてしまいました。

　私たちの敵のなかでも最も強く鋭敏な存在であろう、聖アウグスティヌスは私たちが抱えるこのジレンマをはっきり見てとっていました。アウグスティヌスは若いころには異教の実践を知っていましたし、占星術も学んでいました。私たちのアートへの大いなる批判において、アウグスティヌスは占星術家たちが

「火星がこの人間に暴力を引き起こす」というであろうと見てとっていました。そしてこの観察は正しいように思われます。

しかし、ここを指摘されると占星術家は「火星はシンボル」だというでしょう。しかし、また別な場面で占星術家を捕まえると、再び火星が出来事を引き起こすかのように語るのです。

アウグスティヌスは占星術家の言語はいつも捉えどころがなく因果性によるプロセスとシンボリックなプロセスの区別が曖昧であると述べています。そうなのです、私たちは実際には因果モデル、時計の時間に依拠しています。私たちの営みを確かそうに見せているのは、この客観性という幻想なのです。

この種の占星術は観察者としての占星術家に重きを置いています。これは科学です。これを正しく見るならシンボルからの論理的な推論となります。これがギリシャ、ローマ、そしてアラブの占星術のモデルであり、究極的にいえば、これでは占星術を宿命論から切り離すことはできません。

人間性占星術《ヒューマニスティック・アストロロジー》は、それ自体は高貴な試みではあります。出生図は具体的な事態ではなく可能性を示すとして、古典的モデルの宿命論から離脱しようとしています。古くからの問題を避けようとしてこの区別をしているのです。この学派の思想にのっとるなら、もしあなたが極めて強い土星の下に生まれたとするなら、土星的性質を持つある経験をする潜在的可能性がある、というわけです。

しかし、思い出してください。これは柔らかなオブラートには包まれていますが、やはり宿命論です。結局のところ、あなたは土星的な潜在的可能性にの下に生まれてしまったという宿命があるのですから！　結局、この問題から逃れられてはいないわけです。

もっと根本的な発想の変化が必要です。私たちがホロスコープを読むときの構造は、天が種子に与えた影響によっているものでも、天によって刻印されるある種客観的な「時間の性質」によるものでもなく、客観的な時間によって起こるシンクロニシティによるものですらない、というものです。占星術は意識に対しての意味のある重要な（siginificant）シンボルの現れによる、ということです。

このモーメントが私たちに重要性や意味を与えるのではありません。意味を与えるのは私たちなのです。こうなると、私たちは占星術とはカオス的で非合理的なサインとオーメンに関わるものであると見なすことになるでしょう。それは前もって計画することも予期することも不可能です。ただ、もし、そしてそれが起こったときにのみ、私たちはサインを読むことができるというわけです。

サインやオーメンを引き起こす技法はありません。しかし神々やスピリットを招くこと、あるいはサインが起こるスペースを創る儀式は存在します。その聖なるスペースこそホロスコープなのです。そうして初めて私たちは現れてきたものを観《み》ることができるというわけです。

占星術における時間とはもはやアリストテレス的な客観時間ではありません。それは意識の指向性によって意味づけられたものであり、恩寵《おんちょう》、摂理、あるいは機会によってこそ開示されるものです。

このように占星術を観ることは、答えるよりも多くの疑問を引き起こすことでしょう。ここで触れたことは、問題のほんの表面にすぎません。しかしこの問題の核心にあるのは占い（Divination）であり、この問題に対して私たちがいかに答えるか、ということは大変、重要なことなのです。

解説

「世界」から「世界体験」へ

社会学者　宮台真司

◎科学的なものの宗教性、宗教的なものの科学性

鏡リュウジさんの本に出会ったのはかなり古い。十年以上前に東京外国語大学で教員をしていた頃、担当していた社会学のゼミで、鏡さんの『魂（プシュケー）の西洋占星術』（学習研究社）を題材に取り上げたことがきっかけだった。

当時（一九九一〜九二年）は寺山修司没後十周年ということもあり、若い人たちの間に寺山ブームが起こっていた。それと並行して「アングラ」的なものに注目が集まり、「言葉にならないもの」——不条理や身体性——に対する敏感さが上昇していた。

そこで、こうした「言葉にならないもの」を、従来の社会学や社会思想が、どのように「言葉にしている」のか（！）をゼミで取り上げたのだった。ただし「世の中には科学で説明できないものがある」と宣う神秘主義を徹底して拒絶して、という条件付きで。

ゼミでは、神の御業の完全性への関心から却って不完全性を証明するに到ったゲーデルのような、「科学（者）の宗教性」を扱う一方で、「宗教（者）の科学性」「宗教的なものの科学性」をも扱いたいと思った。そこで鏡さんの著作に白羽の矢が立ったのだった。

実際、鏡さんは科学的だ。神秘主義的な記述を期待して本書を手に取られた読者は、読みはじめてみて、いったい著者は占星術師なのか、それとも占星術史を研究する学者なのか、よく分からなくなって困惑することだろう。その困惑は、かつての私の困惑でもある。

でも、本書を読み通した読者には、鏡さんの世界感覚が、明確に伝わるはずである。言葉になりにくいその感覚を、この解説では敢えて言葉にしてみたい。なぜならば、その感受性は、多くの読者にとっての感受性であると同時に、私自身の感受性でもあるからだ。

◎私たちは「世界」をどう体験するか

鏡さんは、「世界はどうあるか」にも増して、「私たちは世界をどう体験しているか」に、強い関心を抱いている。そう。私たちの認識は、それが科学的なものであれ、非科学的なものであれ、すべて「体験」だ。「体験」だ、というのは取りあえずこういう意味だ。

普段はあまり人に語らないけれど、私は、UFOを目撃したり、死んだはずの人と喋ったりといった、いわゆる「神秘体験」を経験しやすいタイプである。しかし、「体験」が存在したことは確実でも、それに対応する「客観的現実」が存在するかどうかは別問題だ。

数理システム論や統計学を激しく訓練されてきた社会科学者としての私は、「体験」に対応する「客観的現実」――UFOの存在や死者との交流――はないと思う。実のところ、そういうものが存在するという証拠は皆無である。存在するのは高々「体験」にすぎない。

でもそれを言うなら科学的認識もまた「体験」に過ぎない。科学的方法で観測できたという事実も、子細に見れば、科学的に観測できたという「体験」があるだけ。科学的方法とは、あるやり方に従えば、誰もがその「体験」を反復（再現）できるというに過ぎない。

そうした難しい話を置いても、私たちは「客観的現実」でなく「体験」をベースに生きる他ない。ＵＦＯや死者との交流はあり得ないとの認識論的決断「行為」をしても、現に何かが訪れたという「体験」は世界感覚に確実に影響を与え、数多の行為や体験を方向づける。

その意味で、ありとあらゆるものの全体としての「世界」を問題化する場合、科学的方法に裏打ちされた共同主観的認識としての「客観的現実」だけでなく、現に私たちが「世界」をどう「体験」しているのかに実存的に注目することもまた、十分に現実的なのだ。

◎心理占星術とユング心理学は「なぜ」同型的か

大学院で心理学者になろうと志していた鏡さんは、そうしたことを誰よりも弁えている。だから本書でも彼は、占星術から出て来るメッセージに対応する事態が「客観的現実」として存在するかどうかに、一貫して懐疑的だ。彼が「インチキ占星術師」を名乗る所以だ。

だからといって、本書に紹介された、鏡さんの依拠する「心理占星術」という立場を、占星術のユング心理学的な解釈という具合に、単純に理解してはいけない。なぜ占星術とユング心理学が結合しうるのかという洞察に達しなければ、問題の本質は理解できない。

ユング心理学も占星術も共に、「世界」がどうあるかをめぐる法則性よりも、私たちが「世界」をどう「体験」するかをめぐる法則性に注目する。そこがポイントだ。本書が言及するアーキタイプや四要素の観念も、「世界」ではなく「世界体験」の法則性に関わる。

だからこそ鏡さんは、占星術に対応する「世界」の法則性があるかどうかを検証しようとする実証主義的な立場を、的はずれだとして強く拒絶する。「世界」の法則性を知ることが有用な知恵になる以上に、「世界体験」の法則性を知ることも有用な知恵になりうる。

誤解がないように釘を刺すと、これは主観主義や観念論とは違う。「世界体験」一元論ではない。「世界体験」に対応する「客観的現実」があるかどうかをカッコに入れるだけだ。そういう「客観的現実」があるか否かに影響されない領域の話をしようというわけだ。

◎科学主義者のあなたを肯定する占星術

しかしながら、たとえ「世界体験」の法則性ではなく「世界」の法則性に――共同主観的な「客観的現実」に――注目する場合にせよ、「世界」が現にそうあるという事実をどのように受け止めるかという「体験」が、すなわち「世界体験」が、問題になりうる。

ドイツの高名な物理学者ヴァイツゼッカーが、物理学に惹かれた契機を、幼少期の「世界体験」に求めている。ある晩、満天の星を見ていたところ、「世界」が存在するということ自体が奇跡だとの感覚に襲われ、戦慄したのだという。誰にでも同じ経験があろう。

この種の「世界体験」は、宗教的志向へとつながる一方で、科学的志向にも動機づける。例えば相対性理論のように「世界」を単純な原理で記述できるようになるほど、なぜ「世界」が$E=MC^2$であって$E=MC^3$でないのかが問題化する（拙著『サイファ覚醒せよ！』参照）。

すなわち「世界」が法則的に記述できることが明らかになるほど、なぜ別の法則ではなくその法則によって支配された「世界」があるのかという「端的な事実」――原初的な偶発性――が浮かび上がるのだ。この「端的な事実」に驚くことが「世界体験」に相当する。

本書の末尾で鏡さんは、「世界」があるという「端的な事実」に、あるいはそうした「世界」に自分がいるという「端的な事実」に、子供のように驚くという「世界体験」へと人々を導くことこそが、占星術の本質的な意義なのだと述べる。なんと驚くべき洞察だろうか。

占星術は当たるのか。イエス。それは人々の「世界体験」の法則性をうまく掬い上げているということだ――。ではなぜ当たるのか。それは「世界」が存在するという奇跡、「世界」の中にあなたが存在するという奇跡を、「世界」があなたに告げ知らせるからだ——。

社会科学者としての私は思う。科学主義者のあなたにこそ本書を読んでほしい。占星術が、そして占星術の虜になることが、「世界」は科学法則で記述できると信じる立場と両立する事実を知ってほしい。それはあなたの「世界体験」を確実に豊かにすることだろう。

新装版へのあとがき

本書、『占いはなぜ当たるのですか』初版は21世紀を目前に控えた1999年に出ました。僕は1968年の生まれですから、31歳のときに書いたものだということになります。

女性誌の占い特集を中心に人気を博していた時代に書いたものであり、これは一種、若い時代の「鏡リュウジ」を象徴する著書の一つだということになります。文体がいささか雑誌的だというのは、そのころの仕事のスタイルが色濃く残っています。つまり、これは「若者時代」のカガミリュウジの一種のまとめのような本だといえるでしょう。

今にして読み返せば、30歳を過ぎて書いたにしてはずいぶん若い、というよりも幼い筆だと感じますが、逆にいえば、資料や典拠にこだわらず、気楽で自由に、思うままに筆をとったエッセイだということもできます。今ならもう少していねいに出典を引用しつつ、慎重に筆を運ぶことになったでしょう。

説話社さんのご好意で、しばらく市場から消えていた本書を復活させていただけることになったときには、正直いって、自分の記憶では本書はもう少しきちんとしたスタイルで書かれたものだと思っていました。

けれど、改めて読み返してみると、その文体はずいぶん未熟で、構成の緩さが目立ってしまって、顔から火が出そうなものでもありました。

しかし、それでも、あえて本書をもう一度、世に出すことには少なからず意義があるように感じているのも事実なのです。

それは50歳を過ぎた著者の、若い自分へのナルシスティックな執着だと笑われるかもしれません。

ただ、我ながら進歩はないというか、あれから20年経って知識的な面では多少は蓄積を重ねた今でもなお、本質的な問題意識、占いをめぐる自分自身の主題は大きく変わっていないと感じるのです。

そう思い至ると、当時の若く幼い文体、スタイルのほうが、さまざまな典拠やていねいな構成をとる論文調の文体よりも、占いが抱える問題をよりわかりやすく、大胆にお伝えすることができるのではないかと感じるようにもなりました。

この若書きの本の中には近代における「占い」が抱えるパラドクスが僕自身の自伝的なエピソードを通じて語られています。

それは一言でいえば「この合理的な、脱魔術化された社会の中でいかにして占いというマジカルな行為は生き延びているのか、そしてどんなかたちで存在することが可能なのか」ということです。

理屈で考えれば占いなど当たるはずがありません。しかし、現実には僕自身、占いは有効であるとどこかで感じていますし、この社会のなかで占いは少なからぬプレゼンスを示しています。

このパラドキシカルな状況を説明するのはかなりやっかいです。

それを一種の病理として診断するか、あるいはたわいない遊びとして考えるか、さらには一昔前の構造主義的に占いのなかの二元論的なロジックを抽出して見せるか、社会学的に占いの持つ「機能」を分析するか……。

本書で語られているように、10代の僕がこのパラドクスに立ち向かうときに召喚したのが心理学者のユングでした。２００２年の文庫版の解説で宮台真司先生が見事に（著者以上に的確に）指摘してくださったように、僕が用いたのはユング心理学と占星術が持っている同型性でした。

リズ・グリーンを頂点とする「心理占星術」では、人間の心のある程度の普遍的で自律的な動きを描き出す手法として「元型」論を援用します。これは占星術の惑星イメージとも通底します。

　さらに、偶有性に満ちたこの世界と、何か秩序と意味のある自分自身の人生のインターフェイスとして、大宇宙と小宇宙の神秘的な符合《シンクロニシティ》を感じさせる占星術や占いが存在する、ということを本書では拙いながらも伝えようとしています。

　今なら、もう少し歴史的、思想的なことをていねいにたどり、解説することもできるかもしれませんが、むしろ、このような青く、幼い筆のほうが占いや占星術の初学者の方には通じるものもあるのではないかと考え、あえてほとんど修正や加筆はしないことにしました。

　もっとも、そうはいっても、そのままではあまりにも恥ずかしいという僕の照れもあって、必要最小限の範囲内ではありますが、脚注のかたちで補足や参照すべき文献などを追加しておきました。

　もしよければ、そちらも参照していただきたいと思います。

また、もう一つ、この版においては長年の師匠（と僕が勝手に思っている）ジェフリー・コーネリアス博士の講演をご許可を得て、付録として収録できたことは大きな喜びです。

ジェフリー・コーネリアス博士は、英国の占星術界の重鎮です。

そのよきパートナーでもあるマギー・ハイド先生とともに、30年近くにわたって公私ともに親しくさせていただいており、僕にとってお二人はいまや第二の家族のような存在になっています。

お二人の思想は僕に強い影響を与えています。本書を書く段階では十分明確にお二人の思考や思想の深みや意義をお伝えすることができなかったのではないかとも思っているわけですが、それでもなお、本書を貫くメインアイデアの源は、リズ・グリーンに並んで（そしてグリーンを批判的に検討する）お二人にあります。

コーネリアス博士の主著『モーメント・オブ・アストロロジー』も、マギー・

ハイド先生の『ユングと占星術』（青土社）と並んで翻訳紹介したいところではあるのですが、昨今の事情ではなかなかそれも難しいと考え、博士の思想の一端をわかりやすく伝えているご講演を紹介させていただくことにしました。

宮台真司先生の解説、コーネリアス先生のこの講演が本書の価値を何倍にも高めてくれています。

最後に感謝を。本書をこのようなかたちでもう一度世に出してくださった酒井文人社長を含め説話社のみなさま、特に編集の労をとってくださった高木利幸氏には心からの御礼を申し上げたいと思います。

そして解説の再録をご快諾くださった宮台真司先生、講演録の翻訳をご許可くださったジェフリー・コーネリアス先生、常にアドバイスを下さるマギー・ハイド先生にも感謝いたします。

そして僕の占星術や、近接分野のさまざまな先生、先輩、友人たち。そして、初版の企画編集をしてくださったみなさまにも改めて感謝を。
本当にありがとうございました。
２０２０年木星と土星が水瓶座で会合する年に。

鏡リュウジ

参考文献

◎ホロスコープ作成・入門

石川源晃『占星学入門』シリーズ平河出版社

ルル・ラブア『占星学の見方』東栄堂　『占星学』実業之日本社

◎科学と占星術

H・J・アイゼンク他『占星術—科学か迷信か』誠信書房

◎心理学的占星術

リズ・グリーン『占星学』青土社

鏡リュウジ『魂の西洋占星術』学研

マギー・ハイド『ユングと占星術』青土社

◎主に参考にした洋書

L.Greene *“The Astrology of Fate”* Mandala Books

G.Cornerius *“The Moment of Astrology”* Arkana

M.Harding and C.Harvey *“Working with Astrology”* Consider

O.Barclay *“Horary Astrology Rediscovered”* Whitford Press

G.Dean *“Recent Advances of Natal Astrology”* Analogic

Steven Forrest *“The Night Speaks”* ACS Publications

T.Moore *“The Re-Enchantment of Everyday Life”* Harper Collins

著者紹介

鏡リュウジ〔かがみ・りゅうじ〕

翻訳家、心理西洋占星術研究家。

1968年京都府生まれ。国際基督教大学大学院修了。

英国占星術協会会員。京都文教大学・平安女学院大学客員教授。

著書に『占星術の文化誌』(原書房)、

『鏡リュウジの入門シリーズ』、『占星術夜話』(説話社)

占《うらな》いはなぜ当《あ》たるのですか

発行日　2020年8月27日　初 版 発 行
　　　　2020年9月 9 日　第2刷発行

著　者　鏡リュウジ

発行者　酒井文人

発行所　株式会社説話社

〒169-8077 東京都新宿区西早稲田1-1-6

電話／03-3204-8288（販売）03-3204-5185（編集）

振替口座／00160-8-69378

URL http://www.setsuwasha.com/

デザイン　染谷千秋

編集担当　高木利幸

印刷・製本　中央精版印刷株式会社

ISBN 978-4-906828-63-0　C 2011

本書は鏡リュウジ『占いはなぜ当たるのですか』（講談社、1999年）に

大幅な加筆・修正、追録をしたものです。